L'AVENTURE HUMAINE AU TRAVAIL PAR LA MÉTHODE REGAIN

RENÉE RIVEST

Êtes-vous TINTIN, MILOU, HADDOCK...

Septembre
éditeur

Catalogage avant publication de Bibliothèque et Archives Canada

Rivest, Renée

    Êtes-vous Tintin, Milou, Haddock… : l'aventure humaine au travail par la méthode ReGain

    Comprend des réf. bibliogr.

    ISBN 2-89471-230-8

    1. Qualité de la vie au travail. 2. Relations humaines. 3. Connaissance de soi. 4. Hergé, 1907-1983 – Personnages. I. Titre.

HD6955.R58 2004   306.3'61   C2004-941335-X

Auteure
Renée Rivest

Coordonnatrice du projet
Martine Pelletier

Rédactrice
Lucie Douville

Concepteur visuel
Bernard Méoule

Photographes
Couverture : **Pub photo**
Intérieur : **Marc-André Grenier/
Photomag**

Infographiste
Francine Bélanger

Septembre éditeur

Président-directeur général et éditeur
Martin Rochette

Dépôt légal –
Bibliothèque et Archives nationales du Québec, 2004
Bibliothèque et Archives Canada, 2004
3e trimestre 2004

ISBN 978-2-89471-230-6
Imprimé et relié au Canada

2825, chemin des Quatre-Bourgeois
C.P. 9425, succ. Sainte-Foy
Québec (Québec)
G1V 4B8
Téléphone : 418 658-7272
Sans frais : 1 800 361-7755
Télécopieur : 418 652-0986
www.septembre.com

À mon fils qui est toujours pour moi
une grande source de motivation
à devenir meilleure.

« Merci à Fanny Rodwell,
à Nick Rodwell de Moulinsart SA
et à l'équipe des Studios Hergé
pour leur confiance en m'autorisant
à titre exceptionnel le développement
de cette méthodologie afin d'aider
d'autres humains à devenir meilleurs
et à prendre soin d'eux. »

TABLE DES MATIÈRES

PROLOGUE

Écrire ce livre est venu d'un besoin de partager mes expériences et mes découvertes avec le lecteur. Comme toute personne, je suis habitée de désirs, de peurs, de doutes et de rêves. Cette méthodologie parle bien sûr de moi, de mes valeurs, de mes croyances mais mon plus grand souhait, c'est qu'elle puisse également vous accompagner vers votre propre chemin personnel, votre propre aventure au travail avec tendresse et compassion pour vous-même et les êtres qui vous entourent.

Renée Rivest

REMERCIEMENTS

Je n'ai pas de mots pour remercier mes complices, ceux-là même qui ont cru en moi et qui ont su me conseiller judicieusement ou tout simplement m'écouter et m'accueillir comme je suis. Tout d'abord, je tiens à remercier Anne Marcotte, qui m'a permis de faire naître ma vision en images et qui, grâce à sa passion, m'a fait croire que tout cela était possible; également à Richard Ramsay pour son soutien de tous les instants et pour les bons conseils qu'il m'a donnés. Il est certes plus qu'un conseiller juridique. Il sait m'apprendre la patience et la sagesse du geste juste. Je remercie également Sylvie Petitpas et Ma Premo de m'avoir accompagnée et aidée à trouver ce qu'il y a de meilleur en moi. Que dire de ma grande amie, Anne Jobin, qui m'a offert sa présence et son écoute dans l'ouverture et la générosité. Je veux aussi remercier mon adjointe, Chantale Côté, qui me soutient au quotidien avec droiture, engagement et intelligence.

Merci également à Lise Bordeleau et à toute l'équipe de Développement des ressources humaines de Desjardins Sécurité financière pour avoir cru en moi et en ma méthode, et qui plus est, dans mes tout premiers débuts. Merci à Lucie Douville et Lucie Brosseau pour leur soutien dans l'écriture de ce livre. Leurs conseils et leur habileté à manier la plume m'ont été des plus précieux.

Merci à mon fils, qui a accepté de s'ennuyer de moi lors de mes nombreux déplacements.

À mon amour, qui m'aime et me soutient avec sensibilité et tendresse.

Merci aussi à toutes les personnes qui m'entourent et qui ont été là dès les débuts; tout spécialement à Serge Tourangeau pour son appui, Pascale Renaud, Lise Jobin, Lorraine Pressé, Colette Verret, Claudette Roy, Gilles Demers, Robert Bouchard, Jacqueline Caron et tous mes complices actuels et futurs chez ReGain. Merci à Martine Drouin, Martine Cassista, Yves Trépanier, Emmanuel Cennerenzo, Anne Bellen, Ariane Cuvelier, Anne Eyberg, Paul Larivière et bien sûr, Nick et Fanny Rodwell.

À tous mes amis qui m'appuient inconditionnellement.

À tous les participants de nos sessions, à leur ouverture et surtout à leurs témoignages de reconnaissance.

BIENVENUE DANS L'AVENTURE

À qui s'adresse ce livre?

Principalement dédié au milieu de vie au travail, ce premier livre s'adresse à tous ceux et celles qui désirent créer et maintenir des relations interpersonnelles stimulantes et valorisantes.

Après avoir présenté cette méthode à des milliers de personnes, nous avons eu la chance d'assister à de nombreuses métamorphoses, tant du côté des personnes elles-mêmes que de celui des organisations pour lesquelles elles travaillaient. Voici quelques-uns des effets bénéfiques qu'ils nous ont dit avoir retirés de l'aventure qu'ils ont vécue en compagnie des personnages d'Hergé tels que nous les avons mis en scène. Cette méthode leur a permis…

- de mieux se connaître;

- de découvrir leurs talents;

- de découvrir la richesse de la différence : reconnaître leur différence et honorer celle des autres;

- de mieux comprendre leur réalité et celle de leurs collègues;

- de créer des contextes de travail stimulants et valorisants pour chaque membre de l'équipe;

- d'explorer leur potentiel;

- d'optimiser leur mieux-être en milieu de travail;

- de reconnaître leurs différents besoins : apprendre à les nourrir et à les identifier pour mieux les partager avec les autres;

- de devenir plus conscients de leurs attitudes, de leurs comportements et de leur impact sur leur environnement;

- d'explorer des outils et des stratégies de communication capables d'optimiser la qualité de leurs relations, tant avec eux-mêmes qu'avec les autres;

- de dédramatiser et de désamorcer avec humour et simplicité certaines situations conflictuelles;

- de créer un langage simple et imagé qui permet une communication basée sur le respect, la tolérance et la compréhension.

Trop beau pour être vrai!

« Trop beau pour être vrai! », me direz-vous. Pas du tout. Je vous propose d'explorer le merveilleux monde des relations humaines en partageant la vie des personnages qui ont sans doute meublé votre imaginaire d'enfant et d'adulte depuis des décennies : Tintin, Milou, le Capitaine Haddock, les Dupondt et le professeur Tournesol. Ils vont prendre vie et s'exprimer dans un contexte de travail afin de vous aider à mieux vous connaître et à établir des relations interpersonnelles valorisantes et stimulantes au travail.

Nul besoin de mettre le pied sur la Lune, de monter à bord de *La Licorne* ou encore de pénétrer dans le *Temple du Soleil* pour vivre cette aventure. Il n'est pas non plus question de partir à la recherche du lotus bleu, des sept boules de cristal ou des bijoux de la Castafiore. Il s'agit simplement de suivre les personnages d'Hergé dans une nouvelle aventure qui aura pour décor votre contexte de travail.

Le génie d'Hergé au service de l'aventure humaine

Pourquoi avoir choisi les aventures de Tintin comme trame pédagogique? Parce que jamais une métaphore n'aura réussi à illustrer la complexité et la beauté de l'humain avec autant de justesse. Qui plus est, jamais d'autres aventures n'auront suscité autant d'intérêt et de passion que celles de Tintin. Aujourd'hui encore, des millions d'albums d'Hergé sont vendus dans plus d'une cinquantaine de pays.

Comment expliquer ce phénomène? Nul ne pourrait le dire avec exactitude, mais une chose est certaine, le phénomène est bien réel et le succès des aventures de Tintin n'est sûrement pas étranger aux particularités des personnages. Leurs dialogues, leurs réactions, leurs échanges, leurs intrigues et leurs différends font de leurs aventures une odyssée humaine extraordinaire où chacun a sa place et surtout, où chacun devient meilleur chaque jour en étant en contact avec les autres, par estime et loyauté. C'est particulièrement cela qui m'a inspirée.

Une œuvre qui tient du génie

Je crois que le tour de force réussi par Hergé dans son œuvre est d'avoir su puiser dans l'inconscient collectif, probablement sans même s'en rendre compte, et d'en avoir ramené de l'information essentielle sur la nature profonde de l'humain et sur son formidable potentiel. Ma contribution à cette grande aventure est d'avoir poussé un peu plus loin la réflexion sur le sens des personnages. Il m'aura fallu plusieurs années pour réussir à établir les parallèles entre ces personnages et la psychologie humaine. À force d'observations attentives et avec le précieux soutien de mon équipe, j'ai réussi à dégager les principales caractéristiques des personnages et à leur donner vie au quotidien dans des contextes aussi différents que le travail, le couple, la famille, l'amitié.

Quel est le but ultime de ma quête? De permettre la rencontre d'êtres humains dans le respect de la différence de chacun et ainsi créer une aventure humaine où il fait bon vivre, contribuer et s'épanouir.

Je souhaite par le présent ouvrage faire en sorte que le plus grand nombre de gens se reconnaissent dans le descriptif des personnages et saisissent davantage leur identité, afin qu'ils puissent se réaliser avec la conscience de ce qu'ils sont et du pouvoir personnel qui les habite.

Je réalise l'immense privilège que j'ai de pouvoir travailler avec l'œuvre d'Hergé. C'est pourquoi je suis extrêmement reconnaissante à l'équipe de la Fondation Hergé ainsi qu'à celle de Moulinsart SA pour la confiance qu'ils m'ont accordée durant toutes ces années, me permettant ainsi la mise en œuvre de la méthode ReGain. Sans leur approbation et leur appui, cela n'aurait pas été possible.

> *« Hergé a utilisé un langage inimitable pour montrer les travers et les tendresses des hommes ainsi que les particularités de son siècle tout en nous faisant parcourir le monde à pied, à cheval et en fusée. »*
>
> **Fanny Rodwell**
> **Veuve d'Hergé**
>
> Source : *L'univers d'Hergé*-exposition Fondation Hergé, 1987.

Origine de la méthode ReGain

C omment cette aventure a-t-elle commencé? Bien que l'idée me soit venue au printemps 1994, je réalise que la graine a été mise en terre bien avant. Je me souviens d'avoir ardemment souhaité, à l'âge de 10 ans, contribuer à aider le plus grand nombre possible de personnes à être heureuses. Je me voyais expliquer aux gens comment entretenir des relations humaines plus harmonieuses, plus vraies.

À cette époque, j'avais un contact privilégié avec les animaux. J'entrais facilement en communication avec eux et réussissais aisément à établir une relation de confiance. C'est d'ailleurs dans cet îlot relationnel que j'allais me réfugier et chercher du réconfort quand j'en avais besoin. Devenir zoothérapeute me semblait donc une voie d'avenir toute naturelle! Un seul petit nuage à l'horizon… Malgré tous les efforts que je pouvais déployer, je n'avais pas de facilité en sciences. Ce n'est pourtant pas faute d'avoir essayé! J'ai fait mon collégial en sciences pures pour ensuite faire une année en biologie à la York University de Toronto et une année dans le même programme à l'Université Laval de Québec. Rien à faire, j'étais incapable d'obtenir la note de passage.

Comme un changement de cap s'imposait, j'ai choisi de m'inscrire à la faculté des relations industrielles. À défaut de mettre en contact les humains et les animaux, j'aiderais les humains à communiquer entre eux, et cela dans un contexte d'entreprise.

Là, je me suis vraiment sentie dans mon élément. J'ai terminé ma formation avec succès et cinq offres d'emploi en poche. J'ai alors décidé de déménager à Montréal et d'accepter un poste au sein de la direction des ressources humaines d'une méga-entreprise québécoise, Québécor. Côtoyer le président fondateur de cet empire de presse, Pierre Péladeau, représentait à la fois un très grand défi et un immense privilège. Plusieurs fondements de la méthode ReGain sont d'ailleurs tirés de l'impact que cet homme « colossal » a eu sur moi. Laissez-moi vous raconter cette expérience qui a fortement influencé mon parcours de vie.

Une rencontre déterminante

J'ai fait mon entrée dans le merveilleux monde du travail à l'âge de 24 ans. Je sentais couler dans mes veines l'adrénaline d'un nouveau départ et j'étais habitée par le désir d'apporter ma contribution à construire quelque chose auquel je croyais. En même temps, j'étais terrifiée à l'idée d'entamer cette nouvelle étape de ma vie.

Je garderai toujours en mémoire ma première rencontre avec M. Péladeau. Ce fut pour moi un moment d'une rare intensité. Dès les premières secondes, il m'a mise au défi en me provoquant avec des remarques bien épicées, comme lui seul savait les servir. À ma grande surprise, je lui ai répliqué avec doigté et fermeté. Je venais de comprendre que je devais dorénavant me tenir sur mes gardes, sachant fort bien qu'il ne m'épargnerait pas. Qu'à cela ne tienne, j'étais prête à relever le défi. Je crois que ce qui m'impressionnait le plus chez cet homme, c'était sa ressemblance avec mon père : un homme de grand savoir, à la voix forte et au jugement épique, ayant des exigences élevées, lançant de fréquents jurons et sujet aux accès de colère. Chose curieuse, alors que j'avais toujours été paralysée devant les colères de mon père, celles de M. Péladeau n'avaient pas le même effet sur moi. Quelque chose était différent, mais quoi?

J'ai mis des mois à découvrir où était cette différence. Un beau jour, j'ai trouvé ce dont il s'agissait : son regard. Le **regard** que M. Péladeau portait sur moi était différent. Je sentais dans ses yeux une expression empreinte de respect et d'estime, comme s'il voyait en moi quelque chose en devenir. (Mon père ressentait peut-être la même estime à mon égard, mais pour des raisons qui m'échappent, je n'ai pu le reconnaître.)

La fin d'une grande étape

Je suis restée à l'emploi de Québecor plus de deux ans, après quoi j'ai choisi de quitter. Non pas à cause de M. Péladeau, car j'adorais côtoyer cet homme; mais plutôt parce que mon manque d'expérience et de maturité ne m'avait pas suffisamment outillée pour gérer adéquatement les frustrations générées par les apparentes incohérences de cette grande organisation. Je me sentais constamment confrontée à mes valeurs, chose qui devenait de plus en plus difficile à vivre pour moi.

J'ai donné ma démission en juin 1985, prétextant qu'une histoire amoureuse me rappelait à Québec. M. Péladeau vint alors me voir à mon bureau. En me regardant droit dans les yeux, il me demanda quelles étaient les « vraies » raisons qui motivaient cette décision. Il ne s'était pas laissé berner par mon histoire de cœur.

Il m'a écoutée sans m'interrompre pendant plus de 45 minutes, ce qui était tout un exploit pour un homme aussi expéditif que lui. Une fois mon récit terminé, il s'est levé, m'a embrassée et m'a dit avec sensibilité : « Tu as beaucoup à apprendre. Va faire tes expériences. Lorsque tu voudras revenir, sache que tu auras toujours une place dans mon entreprise ». Puis il est sorti, me laissant avec ma confusion.

Dans l'année qui suivit, il me fit parvenir une lettre me rappelant son appui inconditionnel et me réitérant qu'en tout temps, je pourrais compter sur lui. Cette simple lettre m'a énormément soutenue. Lorsque je traversais des moments de doute, je n'avais qu'à me rappeler le regard de M. Péladeau et à relire sa lettre pour reprendre confiance. S'il avait vu quelque chose en moi, cela devait être vrai. Je m'accrochais de toutes mes forces à cette croyance, y puisant le courage dont j'avais besoin pour aller à la quête de ce que « je suis vraiment ».

Un simple regard

Pourquoi vous raconter cette histoire? Parce qu'elle porte en elle-même une grande partie du **sens** de la méthode ReGain. Prendre conscience de la qualité du regard que nous portons aussi bien sur nous-même que sur les autres peut faire toute la différence. C'est du moins ce que le regard de M. Péladeau a eu comme impact sur ma vie. J'ai emprunté son regard le temps que le mien se consolide car il n'était pas suffisamment positif à l'époque pour me permettre de construire mes assises.

Aujourd'hui, avec un peu de recul, je réalise le potentiel qui m'habitait déjà à cette époque, potentiel qui était aussi présent dans mes rêves d'enfant. Il était tout simplement endormi, comme la graine qui reste en latence jusqu'à ce que des conditions propices viennent éveiller une série de réactions en chaîne permettant à la plante de croître.

Parmi les souvenirs marquants de ma vie, je garderai toujours en mémoire celui où j'ai eu la chance de dire à M. Péladeau, quelques mois avant son décès, combien il avait été important dans ma vie. Ce fut un moment d'une grande sensibilité et d'une grande profondeur.

Devenir conscient de la qualité du regard que l'on porte sur soi et sur les autres et comprendre plutôt que juger contribuent à la guérison du cœur et à l'éclosion du potentiel qui sommeille en chacun de nous.

Si vous êtes employeur, quel regard portez-vous sur vos employés? Et vous, collègues, quel regard portez-vous sur vos pairs? Nous avons tous, autant que nous sommes, un impact très grand sur les gens que nous côtoyons. Il suffit parfois d'un simple regard…

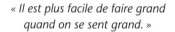

*« Il est plus facile de faire grand
quand on se sent grand. »*

*L'important,
c'est de quelle manière tu te perçois!*

Source inconnue

La grande aventure avec Hergé

Au printemps 1994, alors que je démarrais ma pratique en consultation privée, j'ai décroché un contrat d'intervention avec une entreprise de la région de Québec. Un collègue et moi devions créer puis assurer l'animation d'un programme de formation touchant différents aspects du management participatif. Le mandat était clair et le défi de taille : former plus de 240 personnes très expérimentées et, surtout, peu stimulées à suivre un tel programme.

Comme je ne croyais pas qu'il soit possible d'animer ce programme de façon traditionnelle, Paul – mon collègue – et moi avons convenu qu'il vaudrait mieux mettre au point une façon différente d'animer afin de réussir à capter l'intérêt de notre auditoire et lui transmettre les notions prévues. Mon expérience m'ayant convaincue du pouvoir pédagogique des images, de l'humour et des métaphores, j'ai donc proposé à Paul d'explorer des images tirées de bandes dessinées pour illlustrer nos propos. Sitôt dit, sitôt fait. Comme des enfants, nous nous sommes mis en quête d'images qui pourraient venir à notre rescousse.

Nez à nez avec Tintin

Après avoir exploré rapidement la possibilité d'utiliser les images des Dalton, puis de Spirou et celles d'Astérix, nous sommes arrivés nez à nez avec Tintin. La surprise a été totale, la découverte extraordinaire! Les personnages principaux de l'œuvre d'Hergé correspondaient étrangement à la grille de Blake et Mouton*, comme si un miroir était apparu entre ces deux mondes, reflétant des images similaires.

La coïncidence était trop forte, j'ai tenté l'aventure. Papier, crayon et métaphore en poche, j'ai fait les premiers rapprochements entre les personnages de la célèbre bande dessinée et les concepts de communication, de leadership et de travail d'équipe. Convaincue cette fois de posséder la bonne métaphore, j'étais prête à tenter l'aventure. Paul et les 240 participants ont été mes premiers complices. Le succès a été immédiat; ils ont adoré et en ont redemandé. J'étais émerveillée par ce que je constatais et bien déterminée à explorer plus en profondeur cette idée.

Dans cet horizon que je voyais sans nuages, nous est venue une petite question : avions-nous le droit d'utiliser ainsi ces personnages légendaires? Leur utilisation était-elle régie par des droits d'auteur? Préoccupés par cette question d'éthique, nous sommes entrés en communication avec les responsables de la bande dessinée Tintin, la Fondation Hergé, pour leur demander l'autorisation de développer une méthode d'intervention en management qui ferait référence aux personnages. Nous avons donc sollicité un entretien à Bruxelles. L'excitation était à son comble. Nous sentions, Paul et moi, qu'un tournant s'amorçait dans nos vies professionnelles. Il fallait revoir nos priorités et ajuster notre tir.

Pour des raisons qui lui étaient personnelles, Paul a décidé de se dissocier du projet. Bien que sa décision m'ait secouée, j'ai pris mon courage à deux mains et j'ai décidé de poursuivre cette aventure seule.

---

* BLAKE, R. R. et Jane MOUTON. *The Managerial Grid,* Houston, Texas, Gulf Publishing Company, 1964, p. 10.

Question d'éthique, question de droits

La réponse des responsables de la Fondation Hergé n'a pas tardé : « Ne venez pas à Bruxelles, Philippe Scheirlinckx, notre délégué commercial, viendra à Québec pour vous rencontrer ». Ça tenait du miracle! J'ai pu le rencontrer avec mon complice Rémi Tremblay. Philippe Scheirlinckx a adoré l'idée d'associer les personnages de Tintin aux principes de management. Il s'est alors engagé à présenter mon projet à Fanny Rodwell, veuve d'Hergé, qui m'a finalement autorisée à interpeller les personnages, sans toutefois me donner le droit de les utiliser en images. Cela me convenait.

Plus je travaillais avec les personnages de l'œuvre d'Hergé, plus je raffinais ma méthode et plus je découvrais les liens théoriques existants avec les différentes approches en management participatif. À ce moment, j'ai senti le besoin, voire la nécessité, de développer une forme d'autodiagnostic qui permettrait aux participants de définir leur profil avec une plus grande justesse. Pour établir les bases de cet autodiagnostic, j'ai rencontré plus de 1 500 personnes à qui j'ai demandé de répondre à des questions spécifiques. Une fois cette étape accomplie, j'ai pris conseil auprès de spécialistes capables de valider mes résultats. Finalement, je suis allée chercher l'approbation de la Fondation Hergé pour m'assurer que mes données respectaient en tous points la ressemblance avec les personnages de la célèbre bande dessinée. À ma grande satisfaction, tout se tenait, la métaphore était conforme à ce qu'Hergé avait créé.

Deux années se sont écoulées, les demandes de formation ne cessaient de se multiplier et, en parallèle, le besoin d'images et de support visuel devenait de plus en plus présent. Il me fallait donc obtenir l'autorisation d'utiliser non seulement les personnages en mots, mais aussi en images. J'ai réitéré ma demande auprès de la Fondation Hergé qui m'a référée à « Moulinsart SA », la compagnie qui gère les dérivés de l'œuvre. J'ai de nouveau essuyé un refus. Mais comme j'étais convaincue que ma demande était légitime, j'ai insisté jusqu'à ce qu'Anne Bellen, directrice commerciale, accepte de me recevoir. Elle m'a alors signifié qu'il y avait de fortes chances que notre rencontre ne change rien à la décision qui avait été prise.

Peu importe, j'étais prête à prendre le risque et je suis partie pour la Belgique.

Afin de bien articuler mes propos, j'ai décidé de préparer un cédérom qui illustrerait ma vision. J'ai eu la chance inouïe d'avoir une amie, Anne Marcotte, présidente de Marcotte Multimédia, qui, partageant mon enthousiasme, a gracieusement mis sa créativité et celle de son équipe à ma disposition pour monter le cédérom. Anne était tellement emballée par le projet que je lui ai proposé de m'accompagner pour aller rencontrer l'équipe d'Hergé. Nos talents combinés ne pouvaient qu'augmenter mes chances de succès.

Était-ce un rêve?

Je croyais rêver. Nous étions chez Moulinsart! Fébriles, nous sommes entrées, Anne et moi, dans les Studios Hergé. Nous avons été accueillies par madame Bellen et sa collègue, Ariane Cuvelier. Elles ont toutes deux été fascinées aussi bien par ma vision que par la qualité du travail de l'équipe de Marcotte Multimédia.

Deux heures de rencontre ont suffi. J'ai obtenu les droits de créer des cédéroms d'animation avec des images intégrées de l'œuvre d'Hergé. Il y avait une seule condition : respecter des spécifications graphiques précises. Je n'avais pas encore l'autorisation de reproduire des images imprimées mais un autre pas venait d'être franchi. Lors de ma deuxième visite, j'ai eu le plaisir de rencontrer Nick Rodwell, directeur général, avec lequel nous avons jeté les premières bases de notre entente. De plus, comble du bonheur, j'ai eu le privilège de rencontrer brièvement Fanny Rodwell, qui m'a accueillie avec beaucoup de chaleur.

L'ex-chauffeur personnel d'Hergé m'a même fait visiter la maison. J'avais l'impression de rêver! Les chapeaux melon des Dupondt, la statuette de bois de l'aventure *Le trésor de Rackam Le Rouge*, la photo du dalaï-lama tenant un album de Tintin à la main, la fusée lunaire et le tableau de François, Chevalier de Hadoque, m'ont fait tourner les sangs.

Le responsable des archives m'a montré des planches originales dessinées de la main d'Hergé. J'ai même eu la chance de lire quelques-uns des courriers qu'Hergé recevait de ses admirateurs, et surtout quelques réponses qu'il prenait le temps de leur adresser. J'ai grandement été touchée par le respect que Georges Remy (Hergé) avait pour ses lecteurs.

Deux autres années se sont écoulées avant que je ne reçoive l'autorisation d'utiliser des images imprimées, ces dernières devant être sélectionnées minutieusement en collaboration avec les Studios Hergé, images qu'eux seuls peuvent me fournir. Reconnaissante de la confiance qu'ils me portent, et surtout consciente du privilège dont je jouis, je me fais un devoir de respecter nos ententes à la lettre.

La méthode ReGain, au-delà de Tintin

Toute cette histoire n'est-elle qu'une suite d'événements anodins qui se sont produits les uns à la suite des autres, comme ça, sans raisons apparentes? Je ne crois pas, même si je n'ai pas l'impression d'avoir planifié le tout consciemment.

J'ai parfois l'impression d'avoir été, un peu par accident, « enceinte » d'une idée qui s'est faite d'elle-même à la manière d'un fœtus et de sa gestation. Il m'aura fallu seulement permettre à cette idée de se développer en milieu fertile et de lui prodiguer les soins nécessaires.

Avec du recul, j'aurais de la difficulté à dire si la méthode ReGain vient de moi ou si elle s'est imposée à moi. Chose certaine, comme la mère avec son enfant, il y a eu osmose. Une manière, en réalité, d'évoquer ce qui fut pour moi l'expérience de cette métaphore.

À partir du moment où fut pressenti un rapprochement possible entre les personnages d'Hergé et le monde des relations interpersonnelles, je n'ai eu cesse d'en découvrir les multiples aspects et conséquences. C'est la preuve pour moi que la métaphore est fondée: elle fonctionne par elle-même. Elle livre la logique interne des personnages et des personnes. Elle rend explicite leurs valeurs, leurs motifs, leurs manières de fonctionner. Il est clair pour moi qu'Hergé, à travers son œuvre, fournit un moyen pédagogique puissant, mais son étude n'en est pas la finalité. Mon objectif n'est pas de faire de vous des « tintinologues » mais bien de vous illustrer la richesse de la nature humaine.

Et si vous deveniez votre propre Hergé?

Et si vous deveniez votre « Hergé personnel »? Vous pourriez créer votre aventure de vie telle que vous la souhaitez. Comme Georges Rémy (Hergé) a dû faire pour ses aventures. Il s'est retrouvé devant des pages blanches et a mis en scène ses personnages comme il le sentait juste de le faire. Il est resté maître de l'aventure et a fait de ses personnages ses complices.

Hergé sait la tension, l'angoisse, le bonheur, la fatigue du créateur. Toutes les semaines, il lui faut remettre sa copie; les lecteurs sont là, avides et sans pitié. Ce psychodrame que sont les aventures de Tintin impose un investissement de tout l'être. « En me lançant à corps perdu dans mes histoires, je m'exprime totalement. »

L'Univers d'Hergé –exposition, Fondation Hergé, 1987, p. 9

Devenir son « Hergé personnel », c'est prendre conscience de notre pouvoir personnel; c'est se mettre en position d'observation et d'écoute; c'est devenir plus conscient de ce qui se passe en nous et autour de nous afin de proposer des choix de dialogues, des modes de collaboration en fonction d'une situation, d'une relation ou d'une finalité désirée.

Devenir son « Hergé personnel » est une façon imagée de se rappeler que nous sommes en quelque sorte maître de notre aventure peu importe ce qui se passe à l'intérieur ou à l'extérieur de soi, nous avons la possibilité de le transformer, de le faire évoluer. Cette notion est une des bases clés de la méthode que je vous présenterai dans ce livre. Je vous propose que Tintin, Milou, le capitaine Haddock, les Dupondt et le professeur Tournesol deviennent les complices de votre aventure personnelle. Chacun d'eux représente une partie de vous et ensemble, ils peuvent vous aider à devenir plus conscient de vos réactions, de vos besoins, de vos attentes et de l'impact que vous avez sur votre environnement.

Prendre le temps de vous connaître et de comprendre les forces qui vous habitent, c'est reprendre contact avec votre pouvoir intérieur pour vous permettre de choisir le genre de vie que vous désirez avoir. N'est-ce pas là un magnifique cadeau à s'offrir? C'est ce que ce livre vous propose.

Avant de commencer

La méthode qui vous est présentée n'est pas une recette magique qui transformera votre vie professionnelle d'un coup de baguette. Bien qu'elle soit un outil puissant qui facilite la compréhension de la communication interpersonnelle, la méthode ReGain comporte ses forces, ses limites et ses pièges. Sa plus grande force est de susciter un dialogue avec soi et avec les autres basé sur la compréhension, la tolérance et le respect.

Ses autres forces :

- Elle est facile à retenir en raison de notre connaissance collective de l'œuvre d'Hergé.

- Elle met l'accent sur les talents et l'intention positive des personnes et non leurs défauts.

- Elle est dynamique. La méthode propose la mise en scène de cinq principaux personnages de l'œuvre d'Hergé : Tintin, Milou, Haddock, les Dupondt et le professeur Tournesol. Ces cinq personnages sont présents en chacun de nous à différents degrés selon les situations auxquelles nous sommes confrontés, selon les rôles que nous avons à jouer, selon notre vécu, nos croyances ou encore notre état émotif. Le fait de se découvrir un côté Tintin ou Haddock dominant ne signifie pas que nous soyons de ce type en tout temps. L'être humain est très sensible aux situations et sait s'y adapter. Par exemple, en situation de stress, nous n'aurons pas les mêmes réactions qu'en situation d'accalmie. De plus, il arrive qu'il y ait un ou deux personnages qui soient plus présents en nous que les autres. C'est pourquoi tout au long de la description des personnages, le mot « dominance » sera utilisé pour décrire le personnage prédominant et le mot « ascendant » pour décrire le ou les personnages qui viennent soutenir le personnage dominant dans son action. Plusieurs outils de réflexion et d'auto-observation vous sont proposés dans la section « coffre à outils » afin de vous aider à établir des liens entre ces cinq personnages et vous (position « Hergé personnel »).

Ses principales limites et pièges :

• Catégoriser les personnes : Le risque d'utiliser une typologie, quelle qu'elle soit, est de « cataloguer » ou de « catégoriser » les gens. Il serait très réducteur de confiner l'être humain à des personnages. Nous sommes des êtres beaucoup plus complexes que cela.

• Se cacher derrière un personnage : Il est parfois tentant de se cacher derrière un personnage pour justifier certains de ses comportements et en refuser la responsabilité (exemple quelqu'un qui manque de tact, caractéristique attribuée au côté « Haddock », en raison de sa grande spontanéité pourrait dire : « Je suis fait comme cela, j'ai un côté dominant "Haddock" ce n'est pas ma faute… »). Ceci amène certes une première prise de conscience de soi mais demande une prise en charge de ce comportement afin d'en mesurer l'impact sur les personnes de son entourage.

La méthode ReGain s'est de plus enrichie tout au long de ma réflexion et de mon évolution personnelle et professionnelle. Au fil des ans, j'y ai intégré des éléments provenant d'approches psychologiques reconnues décrites ci-après.

La programmation neurolinguistique (PNL)

La PNL nous propose un modèle d'intervention pour nous aider à comprendre et à faciliter l'intégration du changement de façon concrète dans nos vies. Cette approche m'a appris que nos croyances agissent aussi bien sur notre état présent, que sur l'état que nous désirons atteindre. J'ai également compris que chacun de nos comportements possède une structure et une logique qui lui est propre. La PNL m'a inspirée pour découvrir la logique profonde, le langage et la gestuelle qui distinguent chacun des personnages, me permettant ainsi d'avoir accès à leur potentiel et à leur intelligence.

L'ingénierie des croyances de base (ICB)

Créée en 1982 par Elly Rosselle, cette approche nous apprend à identifier et à changer en douceur les croyances qui bloquent l'expression de soi, à négocier avec les différentes parties qui nous habitent et à rechercher un équilibre intérieur. Je me suis inspirée de cette approche pour étudier les formes de négociation que les différents personnages utilisent et pour établir les stratégies de compétition qui existent afin de pouvoir les transformer en stratégies de coopération.

L'approche systémique

L'approche systémique se distingue des autres approches par sa façon de comprendre les relations humaines. En effet, dans cette démarche la personne n'est pas le seul « élément » analysé. Elle nous propose de voir l'individu comme un système et de tenir compte des impacts des différentes interrelations qu'il entretient tout autour de lui : avec ses collègues de travail, avec son supérieur immédiat, avec ses amis, avec son conjoint(e), ses enfants, etc. En fait, si une partie du système ne fonctionne pas bien ou éprouve des difficultés, cela risque d'affecter le système en entier. Cette approche a influencé la méthode ReGain sur deux axes : soit le système interne de la personne (négociation entre les personnages pour régulariser notre système interne) et le système externe, c'est-à-dire le système social au travail (négociation et stratégies d'influence et d'adaptation avec nos collègues, notre gestionnaire, etc. toujours dans un but de régulariser le système externe). Prenons l'arrivée d'un nouveau membre au sein d'une équipe de travail. Cette arrivée modifiera les relations déjà existantes (système social) et, souvent, le nouveau devra faire des efforts pour faire sa place (système interne).

L'approche de Jung (Carl Gustav), médecin et psychologue suisse (1875-1961)

Cette approche m'a inspirée plus particulièrement sur deux points.

1. Par sa compréhension de l'importance de la confrontation de l'individu avec le monde, de ses rapports avec les humains et les choses afin de se définir dans sa différence et son unicité. Jung considérait comme essentiel que tout être humain passe par un processus d'individualisation pour se développer. L'importance de se reconnaître tel que nous sommes, avec nos talents et nos particularités, et de se reconnaître comme des êtres en constante évolution a largement contribué à enrichir ma méthodologie dans ses différentes nuances et applications.

2. Par la découverte de l'influence, au-delà de l'inconscient individuel, de l'inconscient collectif qui s'exprime entre autres dans des contes (archétypes) pouvant expliquer certaines dynamiques relationnelles. Forte de ces constatations, j'ai émis l'hypothèse que l'œuvre d'Hergé, de par sa diffusion planétaire et cela depuis plus de 75 ans, pouvait faire partie de l'inconscient collectif et être une source d'inspiration pouvant expliquer certains comportements humains.

Croyances sur lesquelles s'appuie la méthode ReGain

Aujourd'hui, la méthode ReGain est portée par une équipe de personnes animées par le même sens de l'éthique et par les mêmes valeurs fondamentales, soit la générosité, le respect de l'humain, l'authenticité et l'engagement.

Nous sommes tous convaincus que chaque être humain a en lui-même les ressources nécessaires pour se développer et réussir. Chacun possède un rythme de développement qui lui est propre, des conditions qui favorisent son cheminement et le soutiennent. Chaque personne réalise toutefois ce potentiel à son propre rythme. Il est primordial pour nous de respecter le rythme naturel de chacun : trop forcer amène des comportements réactionnels et, à l'inverse, si nous ne lançons pas de défis – ou ne créons pas de tensions créatrices – il risque de ne pas y avoir d'évolution. La clé réside dans la juste mesure et dans la nuance.

Nous croyons également que les actions d'une personne sont toujours foncièrement logiques et motivées par une intention positive. Vu sous cet angle, il devient intéressant, plutôt que de juger l'autre, de découvrir l'intention positive qui se cache derrière ses agissements, qui, en apparence, peuvent nous sembler illogiques et irrationnels. Nous serions peut-être les premiers surpris d'y découvrir un autre monde, une autre réalité.

Nous ressentons tous le besoin fondamental et bien légitime de réaliser ce que nous considérons être notre mission personnelle, celle-là même qui donne un **sens** à notre vie. Ce désir profond anime chacune de nos actions. Si cela est vrai pour nous, il en est de même pour toutes les personnes que nous côtoyons. Comme nous ne prenons pas toujours le temps de décoder les motivations derrière nos façons d'agir et celles des autres, c'est parfois à tort que nous les associons à de mauvaises intentions. Le fait de devenir plus conscient de nos sentiments, de nos besoins, de parler de ce qui nous anime et nous motive, permet d'éviter bien des malentendus.

Aussi, il ne fait aucun doute pour nous qu'il existe plusieurs formes de logique. Cinq formes seront démontrées au moyen des personnages d'Hergé. En voici un bref résumé : Tintin possède une logique basée sur la recherche de sens; Milou, une logique basée sur l'aspect rationnel; le Capitaine Haddock, une logique basée sur l'aspect concret (l'ici maintenant); les Dupondt possèdent une logique basée sur l'aspect relationnel des choses et Tournesol, une logique basée sur la réalisation de ses passions.

Nous croyons également que tous les membres d'une équipe sont coresponsables, chacun d'eux interagissant avec tous les autres. Il n'appartient pas seulement à celui ou celle qui est en position de « leadership » de créer des contextes de travail mobilisants, capables de souder les membres de l'équipe. Le leader en est un levier important, mais c'est la contribution de tous les membres qui donne couleur et force à l'équipe.

Enfin, nous croyons que tous les membres d'une équipe sont égaux et dignes de respect, et cela peu importe le rôle qu'ils ont à jouer ou la position hiérarchique qu'ils occupent dans l'organisation.

BIENVENUE DANS VOTRE AVENTURE PERSONNELLE

Présentation des personnages à l'état pur

Introduction

Le regard que les autres portent sur nous peut jouer un rôle déterminant dans notre vie. S'il est empreint de mépris, il est fort à parier que nous aurons tendance à nous sentir petit, faible ou incapable. Si, au contraire, il exprime le respect et la confiance, nous serons plus enclin à voir grand et à faire des gestes concrets pour nous permettre de réaliser nos rêves. Inspirée d'un conte tibétain, voici une petite histoire qui illustre à merveille cette dynamique.

Il était une fois un jeune garçon qui découvrit un œuf dans le nid d'un aigle. Il s'en empara, redescendit au village et mit l'œuf à couver dans le poulailler de la ferme de ses parents.

Quand l'œuf vint à éclore, un aiglon en sortit et grandit parmi les poussins, picorant sa nourriture comme ses compagnons.

Un jour, regardant vers le bleu du ciel, il vit un aigle qui planait au-dessus de la ferme. Il sentit ses ailes frémir et dit à un de ses frères poulets : « Comme j'aimerais en faire autant! ». « Ne sois pas idiot, répondit le poulet, seul un aigle peut voler aussi haut! »

Honteux de son désir, le petit aigle retourna gratter la poussière et picorer son grain, le bec au sol. Il ne remit plus jamais en cause la place qu'il croyait avoir reçue sur terre.

Source inconnue

Imaginez ce qu'il serait advenu de l'aiglon s'il avait refusé de se laisser définir par le regard des autres et qu'il se soit plutôt laissé guider par son désir de planer très haut dans le ciel. Son destin aurait pu être tout autre.

« Connais-toi toi-même »

« Pense par toi-même et laisse aux autres le privilège d'en faire autant. »
Voltaire

Quelle est la morale de cette histoire? Pour être fidèle à notre nature profonde et devenir ce que nous sommes en droit de devenir, il est nécessaire d'être à l'écoute des sentiments qui nous habitent, de devenir plus conscient de nos comportements, de leurs impacts ainsi que de l'influence qu'ils exercent sur notre entourage.

Nous possédons tous des croyances qui façonnent notre façon de voir la vie. Avec la plus grande cohérence qui soit, elles dictent nos attitudes et nos comportements. À leur tour, ces croyances prennent appui sur nos valeurs et sur notre idéal de vie (mission personnelle). Pour ceux qui nous entourent, nos comportements et nos attitudes constituent la partie observable de ce que nous sommes. Ce qui les sous-tend – nos croyances, nos valeurs et notre idéal de vie – demeure souvent caché à leurs yeux.

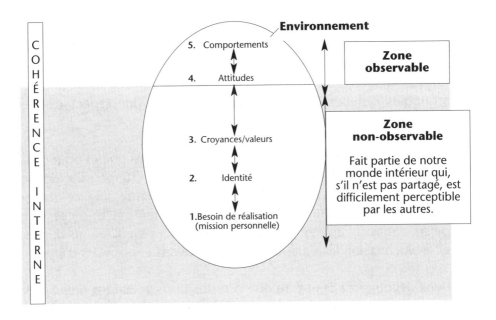

Le regard de l'autre

Si l'on reprend l'exemple du conte tibétain, il aurait aussi été possible pour le poulet d'adopter une autre attitude. S'il avait encouragé l'aiglon au lieu de le décourager, le dénouement de l'histoire aurait pu être fort différent. Il est très important de comprendre que le regard que nous portons sur les autres influence parfois leurs comportements au point même de changer leur trajectoire de vie.

Pour qu'il y ait une véritable rencontre avec l'autre, il doit y avoir un réel désir d'aller vers lui, de le connaître et de lui faire confiance. Avant de le juger, il importe de l'écouter pour comprendre les motivations qui l'animent, de se donner la peine d'observer ses comportements, ses attitudes et surtout, de tenter de bien saisir sa réalité intérieure.

« L'essentiel est invisible pour les yeux; on ne voit bien qu'avec le cœur », disait le Renard au Petit Prince. La dynamique qui existe dans les relations interpersonnelles régit en grande partie notre vie personnelle, comme notre vie professionnelle. Bien la comprendre et l'utiliser à bon escient est l'une des clés de la réussite relationnelle (rester en position de « Hergé personnel »). La description des différents personnages permettra, je l'espère, de clarifier et de mettre en lumière différentes croyances qui existent et surtout les différentes stratégies qui peuvent être utilisées en vue du respect de ces différences.

Les personnages d'Hergé sont à ce titre d'excellents guides pour nous aider à décoder le monde complexe des relations interpersonnelles au travail. Il faut avant tout apprendre à les connaître, voir ce qui les caractérise et ce qui les différencie. N'oubliez pas que ces cinq personnages cohabitent en chacun de nous, et ce à différents degrés, et évoluent selon les situations que nous vivons et nos états d'âme.

Vous découvrirez peut-être que certains jours vous êtes plus Tintin que Tournesol, plus Haddock que Milou ou Dupondt. C'est vrai également pour votre patron, votre collègue et toutes les personnes avec lesquelles vous êtes appelé à travailler. C'est dans cet esprit de découverte que vous êtes invité à lire les portraits à l'**état pur** de Tintin, de Milou, du Capitaine Haddock, des Dupondt et du professeur Tournesol.

Bonne découverte!

Tintin

Grandes caractéristiques selon l'œuvre d'Hergé

« Un véritable héros (…) soucieux d'honorabilité, l'intelligence est sans faille, les qualités morales sont difficilement égalables, sa vertu dépasse l'entendement. »

SADOUL, Numa. *Entretien avec Hergé*, Édition définitive, Casterman,
Bibliothèque de Moulinsart, p. 239.

« S'il continue à voyager, c'est qu'il est un homme de cœur : l'humaniste du futur, universel. Et tous les enfants de la terre le reconnaissent comme l'un des leurs et exemplaire. On oublie qu'il est de Bruxelles parce qu'il est du monde. Et nous parcourons la planète avec lui pour connaître les autres, nos frères humains : il démystifie les pouvoirs, fait tomber les masques, décrypte le réel, cherche le sens, dénonce les systèmes économiques infâmes, se place toujours près du faible et des manipulés. »

L'Univers d'Hergé – exposition, Fondation Hergé, 1987, p. 27.

Hergé écrivit un jour :

« Tintin a été pour moi une occasion de m'exprimer, de projeter hors de moi-même le désir d'aventures et de violences, de vaillance et de débrouillardise qu'il y avait en moi. Désir aussi d'exprimer ma vision du monde moderne : tant de laideur, de compromissions : les marchands de canons, les grands trusts sacrifiant sans remords la vie des hommes. Aux prises avec eux, un héros sans peur et sans reproche. Droit et pur et il n'est pas dupe, et de plus il triomphe. Et le succès est venu de là, de ce que les gosses, et même les grandes personnes, ce qu'il y a de meilleur dans les gosses et les grandes personnes (…) se reconnaissent dans le héros, se cherchaient dans le héros. »

PEETERS, Benoît (2002). *Grandes Biographies*, Belgique, Flammarion, p. 283.

Besoins de réalisation des personnes à dominance Tintin

1. Besoin de contribuer à faire **évoluer** une personne ou un projet.

2. Besoin de rester **intègre** par rapport à ses valeurs personnelles.

En quoi le personnage Tintin est-il précieux dans notre vie?

Notre côté Tintin nous permet de…

- rester en contact avec notre idéal de vie et d'établir nos priorités en fonction de cet idéal. C'est notre guide moral;

- nous assurer que nous sommes cohérent avec nous-même, aussi bien dans nos gestes que dans nos paroles;

- rechercher des alliances avec des personnes qui partagent des valeurs similaires aux nôtres : collègues de travail, partenaires d'affaire, clients, etc.;

- exprimer clairement nos désaccords ou inconforts lorsque nos croyances ou nos valeurs sont bousculées, même si cela risque de créer des frustrations chez l'autre;

- nous engager dans des projets auxquels nous croyons et cela malgré les embûches que nous pouvons avoir à surmonter;

- conserver une bonne ouverture d'esprit. C'est sans doute celui des cinq personnages qui possède la plus grande ouverture d'esprit par rapport aux différences et aux divergences d'idées, en autant qu'il y a un respect dans les valeurs de chacun au moment de l'échange. Il nous invite à trouver, dans la confrontation d'idées, une occasion rêvée pour nous améliorer, pour évoluer;

- rester en mode « solution » en cherchant toujours comment ré-soudre les problèmes qui se présentent à nous et ainsi être en mesure de poursuivre notre action, de faire évoluer les projets auxquels nous croyons. Il nous invite à faire fi des critiques stériles et à rester proactif afin de nous permettre d'atteindre notre idéal.

Comment reconnaît-on les personnes à dominance Tintin au travail?

Les personnes à dominance Tintin…

- **cherchent à vivre en cohérence avec leurs valeurs.** Il est amusant d'écouter les questions qu'elles posent régulièrement telles que : « Pourquoi? Quelle est la valeur ajoutée? Quel en est le sens?… »

- **sont engagées.** Pour s'investir dans un projet, elles ont besoin de croire en ce qu'elles font. C'est la condition *sine qua non* à leur participation. Elles se donneront corps et âme pour les causes auxquelles elles croient. Elles doivent d'ailleurs être vigilantes, car il n'est pas rare d'observer des phénomènes d'épuisement professionnel chez les personnes à dominance Tintin.

- **apprécient être entourées d'alliés.** Elles s'entourent ainsi de personnes qui partagent les mêmes valeurs fondamentales qu'elles et qui collaborent de façon constructive aux projets auxquels elles croient. Elles ont une tendance naturelle à évincer ou, du moins, à neutraliser les « contre-alliés ».

- **recherchent des solutions constructives aux problèmes.** Pour elles, l'important c'est de trouver des solutions aux problèmes afin de poursuivre leur projet, de continuer à construire, à évoluer. Elles prennent rarement une critique de façon personnelle, à moins que leurs valeurs ne soient remises en question. Elles détestent les critiques stériles qui, selon elles, ne mènent nulle part.

- **apprécient garder une vue d'ensemble du projet auquel elles croient.** Pour garder leur motivation bien vivante, les personnes à dominance Tintin ont besoin de voir l'évolution dans la construction du projet auquel elle croit. Elles ont horreur de travailler

« le nez collé sur la pierre » et ont plutôt besoin de conserver une vue d'ensemble des choses afin d'en évaluer l'évolution. Une vision trop à court terme peut parfois les démobiliser. En raison de cette propension naturelle à questionner le **sens** et la cohérence des choses, il est stratégique dans une équipe de travail de consulter les personnes à dominance Tintin lors des prises de décision importantes afin de valider la congruence des décisions et/ou actions prises.

Type de leadership exercé par les personnes à dominance Tintin : leadership de SENS

Croyances par rapport au respect, au bonheur et au travail

Si vous questionnez les personnes à dominance Tintin au sujet de ces valeurs, voici ce qu'elles vous répondront :

Par rapport au respect
Le respect, c'est...
• respecter l'autre dans ses valeurs.

Par rapport au bonheur
Être heureux, c'est...
• vivre en cohérence avec ses valeurs;
• réaliser son idéal de vie.

Par rapport au travail
Être heureux au travail, c'est...
• pouvoir vivre en cohérence avec ses valeurs et son idéal.

Principales sources de stress

Les plus grandes sources de stress des personnes à dominance Tintin sont de…

- ne plus croire à ce qu'elles font, ce qui peut parfois représenter pour elles une forme de prison mentale;

- être entourées de personnes incohérentes ou vivre des situations incohérentes pour elles;

- être forcées de poser des actions qui sont contraires à leurs valeurs;

- s'oublier. Ici, une précision s'impose. Ce stress n'est habituellement pas vécu directement par les personnes à dominance Tintin elles-mêmes, mais plutôt par les personnes de leur entourage – collègues, conjoint, enfants, amis – qui peuvent trouver difficile de les côtoyer en raison de leur engagement aux causes auxquelles elles croient. Cette non-disponibilité pourra amener les personnes à dominance Tintin à se sentir déchirées entre leur travail, leur famille et leurs amis et les amener, par ricochet, à vivre un conflit intérieur de valeurs;

- côtoyer des personnes qui cherchent à détruire le projet auquel elles croient et être incapables de les en empêcher ou de les neutraliser.

Gestuelle caractéristique*

Le doigt (ou les mains) et le regard dirigé vers le haut, vers ce qui est en devenir.

Le doigt posé sur le « troisième œil » et le geste dirigé vers le haut.

* L'observation de plus de 40 000 personnes fut nécessaire pour identifier ces gestes caractéristiques.

Mots et expressions favoris

Il est possible de reconnaître des personnes a dominance Tintin par certains mots ou expressions qu'elles utilisent. Elles choisiront bien sûr des mots qui sont en lien avec leur besoin de réalisation et leurs croyances. En voici quelques exemples :

TINTIN : SES GRANDS BESOINS DE RÉALISATION	
Faire ÉVOLUER une personne ou un projet	**Rester INTÈGRE** par rapport à ses valeurs personnelles
Mots couramment utilisés :	Mots couramment utilisés :
– Vision – Sens – Évoluer, évolution – Mobiliser vers – Servir une cause – But commun – Alliés – Solutions – Croyances – Plus-value – Engagement – Au service de... – L'essentiel	– Intégrité, intègre – Valeurs – Cohérence – Incohérence – Congruence – Alignement
Expressions courantes :	Expressions courantes :
« Pourquoi... » « Apprendre pour évoluer comme personne afin de devenir meilleur. » « Garder le cap... » « Je veux faire une différence dans l'évolution du projet. » « J'aimerais savoir pourquoi... »	« Cela a du sens! » Ou « Cela n'a pas de sens! » « C'est inCROYABLE! » « Rester fidèle à ses idéaux, à ses valeurs. » « Croire en soi, en ses idéaux. » « J'y crois ou je n'y crois pas. »

Marques de reconnaissance les plus appréciées

Les marques de reconnaissance les plus significatives pour les personnes à dominance Tintin, c'est-à-dire celles qui ont du **sens** pour elles et leur donnent le sentiment de se sentir grandes, c'est lorsqu'on souligne sincèrement leur…

- contribution à l'évolution de l'équipe ou du projet auquel elles croient;
- intégrité;
- cohérence;
- engagement;

Et lorsque l'on croit en eux, en leurs idéaux.

Malgré son intention positive, notre Tintin intérieur peut parfois nous jouer de mauvais tours. Voici comment :

Par son besoin de congruence. Notre côté Tintin peut parfois nous rendre très critique envers nous-même et envers les autres. Il est tout à fait normal de vivre des moments d'incohérence dans notre vie. Notre maturité deviendra au fil des ans notre plus grand guide pour nous aider à faire la part des choses et à être davantage conciliant avec nous-même et avec les autres.

Par son besoin de croire à ce qu'il fait. Il peut arriver que cette quête de sens, quoique très louable, nous fasse vivre de profondes remises en question qui nous déstabilisent (surtout dans les situations où nous ne trouvons pas de réponses à des situations inSENSées pour nous).

Stratégies de protection et principales prises de conscience

Il est relativement facile de couper sa relation avec l'autre, que ce soit parce qu'un de ses comportements nous a déçu, choqué, outragé ou pour diverses autres raisons. Selon nos croyances et notre personnalité, nous avons différentes façons de réagir en de telles situations.

Nous avons parfois des efforts à faire pour ne pas tomber dans des stratégies de protection (armure) qui risqueraient de fermer plus ou moins étanchement la porte à l'autre.

Les stratégies de protection* sont des **réactions** à un déclencheur extérieur qui, selon **notre** perception, vient mettre en péril notre identité. Le but noble (intention positive) de ces réactions est de nous protéger de ces « agressions ». Il est toujours très surprenant d'observer la multitude de stratégies de protection que nous utilisons, et cela de façon plus ou moins consciente. Ce qui est surtout important de réaliser, c'est que lorsque nous nous protégeons, nous ne sommes plus en lien avec l'autre et parfois avec nous-même. En devenir conscient nous permet de désactiver ces automatismes et de préserver notre lien à l'autre et à soi. Il est essentiel d'aborder toutes les stratégies de protection avec doigté et compassion.

Pour les personnes à prédominance Tintin, la tentation sera plus ou moins forte de couper la relation avec l'autre si ce dernier est perçu comme étant incohérent, s'il démontre des valeurs contradictoires aux siennes ou encore s'il fait preuve d'irresponsabilité sociale tel que fumer dans un ascenseur, bousculer une personne, saccager un espace de travail par vengeance, etc.

Selon le degré de maturité des personnes à prédominance Tintin, la tentation sera plus ou moins forte de juger et de couper le dialogue par perte d'estime pour l'autre.

---

* Une des questions clés qui peuvent être posées lorsque nous sentons qu'une personne se protège est : *J'ai observé tel changement de comportement chez toi depuis quelque temps. Que se passe-t-il?* Accueillez sincèrement la personne dans ce qu'elle vous dira. Elle vous livrera sans doute quelque chose de très important pour elle, selon sa logique et non la vôtre.

Voici les principales stratégies de protection que les personnes à dominance Tintin peuvent utiliser pour se protéger lorsqu'elles sentent que leur contribution à un projet auquel elle croit ou leur intégrité est menacée.

- **Revendiquer** (nommer clairement leur désaccord et/ou défendre leurs valeurs).

- **Travailler encore plus** afin de démontrer que leurs croyances et leur vision sont justes.

- **Démissionner**, aller contribuer dans une autre équipe ou un autre projet afin de rester intègre à leurs idéaux et/ou leurs valeurs.

- **Tomber gravement malade.** Cette conséquence arrive surtout lorsqu'il n'est pas possible de se faire entendre ou de quitter son emploi pour des raisons économiques, familiales ou sociales. Demeurer trop longtemps dans des situations qui vont à l'encontre de leurs valeurs profondes peut être physiologiquement et moralement très coûteux pour les personnes à dominance Tintin.

Voici les principales prises de conscience que les personnes à dominance Tintin ont tout avantage à intégrer dans leur vie, et cela, pour leur propre mieux-être.

« Je ne porte pas le poids du monde sur mes épaules. » Les personnes à dominance Tintin sont des personnes habituellement très responsables et elles peuvent se mettre en position de « sauveur », ce qui leur procure souvent la sensation d'en porter lourd sur leurs épaules.

« Une personne peut être cohérente et avoir de la valeur même si elle n'a pas les mêmes croyances que moi. » Il peut arriver qu'au travail, des collègues n'aient pas les mêmes valeurs que nous. Cela ne veut pas dire qu'ils sont pour autant incohérents et qu'ils n'ont pas de valeur.

Étude de cas : Gilles et Alain étaient ingénieurs pour une importante compagnie de construction. Alain, alors âgé de 28 ans, avait le vent dans les voiles. Il était en charge de plusieurs projets d'envergure et ne comptait pas ses heures. Il devait partager certaines responsabilités avec Gilles. Il avait des attentes très élevées envers ce dernier. Il croyait pouvoir compter sur la même disponibilité de sa part; ce qui ne fut pas le cas. Gilles avait été très clair avec Alain. Il n'était pas question de travailler les week-ends et après 17 h les jours de semaine. Le premier réflexe d'Alain a été de juger Gilles pour ce manque de disponibilité. Il le trouvait peu engagé et surtout calculateur. Il n'avait pas une grande estime pour lui et chercha à le faire muter dans un autre projet. Avant d'effectuer cette mutation, il décida d'ouvrir le dialogue avec Gilles. Ce qu'il découvrit le bouleversa. Gilles était veuf depuis deux ans et père de deux adolescentes de 12 et 14 ans. Être disponible à ses enfants était sa priorité, sa valeur première; le travail venait au second rang. Il estimait qu'il donnait du temps de qualité sur des heures régulières de travail mais que d'autres espaces de sa vie l'interpellaient. Alain changea le regard qu'il portait sur Gilles et ils trouvèrent des modes de fonctionnement pour respecter leurs deux réalités et leurs valeurs mutuelles.

« Chaque personne a son propre cheminement d'évolution, nous ne pouvons sauver une personne malgré elle. » Il peut être difficile pour une personne à dominance Tintin d'accepter que certaines personnes fassent des choix qui leurs semblent « inSENSés », par exemple d'accepter de faire certaines tâches qui leurs semblent dégradantes, d'accepter d'être rétrogradé pour permettre à une personne d'être politiquement nommée ou encore d'accepter qu'un collègue sombre dans la drogue et la toxicomanie, etc. Bien sûr, le but de cette prise de conscience n'est pas de rester là sans rien dire ou rien faire, mais plutôt de soutenir, conscientiser et accompagner l'autre dans **ses** choix. Selon leur degré de maturité, les personnes à forte dominance Tintin risquent de devenir plus ou moins moralisatrices et d'imposer à l'autre leurs propres croyances plutôt que de respecter l'autre dans ses choix et son cheminement.

Étude de cas : Lise et Rachel étaient de bonnes copines de bureau depuis plus de huit ans. Elles vécurent un froid relationnel lorsque Lise décida de commencer à fumer à l'âge de 32 ans. Pour Rachel, cette décision était *complètement irresponsable et elle le laissa savoir à Lise. Cette dernière s'est sentie jugée et dénigrée par Rachel. Elle ne comprenait pas en quoi sa décision pouvait avoir un impact quelconque sur la vie de Rachel. Elles cessèrent alors de se côtoyer.*

Pour prendre soin de son côté Tintin

Si vous êtes une personne à dominance Tintin, voici un exercice fort utile pour nuancer certaines situations lorsque vos valeurs sont bousculées.

Quels sont les aspects auxquels je crois dans mon travail? (Ex. : causes et/ou valeurs particulières, personnes et/ou partenaires qui y sont engagés, moyens utilisés, etc.)

Quels sont les aspects auxquels je crois moins, ou pas du tout dans mon travail?	Est-ce que j'ai le pouvoir de changer quelque chose concernant ces aspects?	
	Si oui, comment?	Si non, mieux vaut lâcher prise.

Est-ce que j'ai des alliés au travail sur qui je peux compter, qui croient en moi (votre idéal, vos valeurs)? Qui sont ces personnes (collègues, partenaires, patron, employés, etc.)?

Y a-t-il des personnes de confiance avec lesquelles je peux échanger ouvertement lorsque je suis confronté à mes valeurs? Qui sont ces personnes (amis, collègues, conjoint, etc.)?

Ce que Tintin m'a appris dans ma vie

À force d'observation, j'ai découvert que c'est le côté de moi qui me définit le mieux dans mes rôles de consultante et de mère. C'est lui qui me sert de guide lorsque j'ai à prendre des décisions qui touchent mes valeurs et mon idéal de vie. C'est également lui qui me permet d'évaluer, par le reflet que me retourne mon miroir, si je suis toujours intègre avec moi-même. Il y a des jours où je réussis à me regarder droit dans les yeux, et il y en a d'autres où je baisse les yeux avec humilité en me pardonnant… La vie, telle la meule, me façonne à chaque jour qui passe.

Milou

Grandes caractéristiques selon l'œuvre d'Hergé

Le plus moral; avec Milou le dialogue se situe au niveau de l'instinct, d'une télépathie secrète, complicité du silence (…) On peut converser et échanger avec lui, ce serait indispensable au héros. (…) génie de comprendre rapidement toutes les situations… C'est un penseur de talent (…) un fameux conseiller du bien-vivre.

SADOUL, Numa. *Entretien avec Hergé,* Édition définitive, Casterman, Bibliothèque de Moulinsart, p. 201.

Besoins de réalisations des personnes à dominance Milou

1. Besoin de **réaliser** ce qui était planifié.

2. Besoin de bien jouer son ou ses **rôle(s)**.

En quoi le personnage Milou est-il précieux dans notre vie?

Notre côté Milou nous permet…

• de prendre le temps d'analyser;

• d'avoir une pensée stratégique qui ne tient pas seulement compte des résultats ou des buts à atteindre, mais également de la façon d'y arriver, soit du comment;

- de baser nos réflexions sur des faits, de façon objective, afin d'être en mesure de prendre une décision éclairée, logique et stratégique;

- de rechercher, d'exploiter et de prévoir plus d'un scénario (plan B) pour une même situation, de faire preuve de prévoyance et de prudence;

- d'apprécier l'ordre et l'organisation afin que tous nos collègues s'y retrouvent;

- de faire la part des choses et, généralement, de voir la nuance en tout. Pour notre côté Milou, rares sont les situations où tout est blanc ou tout est noir, il sait pertinemment qu'il existe une réalité qui s'inscrit entre les deux;

- de rester objectif et de prendre du recul au besoin. Cette capacité d'observer nous permet de voir les situations avec un regard différent, avec plus de calme, et d'éviter ainsi les réactions excessives;

- de conserver notre sens du devoir même si certains aspects de notre travail nous plaisent moins.

Comment reconnaît-on les personnes à dominance Milou au travail?

Les personnes à dominance Milou…

- **sont calmes et discrètes.** Habituellement, les personnes à dominance Milou sont peu démonstratives et elles sentent généralement peu le besoin d'exprimer leurs sentiments. Rarement les premières à prendre la parole, elles préfèrent écouter les autres et elles ne s'exprimeront que si elles le jugent nécessaire. Quand tout a été dit, pourquoi en ajouter? Cette forme de réserve fait en sorte qu'il est stratégique d'aller chercher leur avis, leur point de vue, de les questionner afin de recueillir leur opinion sur un sujet donné. De nature discrète et réservée, elles apprécient peu être sous les projecteurs, préférant assumer un rôle de soutien dans lequel elles organisent, font les suivis et/ou soutiendront les personnes concernées si jamais une difficulté venait à poindre à l'horizon.

- **possèdent un bon esprit d'analyse.** Elles sont très efficientes dans leurs prises de décision à condition qu'elles maîtrisent les données relatives à leur environnement. Lorsqu'elles sont devant une nouvelle situation, elles ont besoin de prendre le temps de s'informer, d'analyser, de questionner et de valider les données relatives à cette situation. Une fois l'information colligée, elles sont en mesure de prendre leur décision. Mais qu'arrive-t-il lorsqu'elles se retrouvent en situation d'urgence, qu'elles ne connaissent pas la nature du problème et qu'elles doivent réagir promptement? À l'inverse du côté Haddock, qui va plonger dans l'action, le côté Milou, pour sa part, va devenir plus hésitant et préférer la réflexion à l'action. Dès que le doute s'installe, les personnes à dominance Milou ont besoin de prendre du recul et de peser le « pour » et le « contre » avant d'agir. Il est donc conseillé de leur fournir des données précises et du temps pour réfléchir. Ainsi, elles se sentiront respectées et agiront, selon elles, de manière beaucoup plus efficace.

- **recherchent la structure.** Elles apprécient connaître les paramètres de leur rôle, les normes et les politiques de leur organisation. Dans une réunion, nous les reconnaissons tout de suite. Papier et crayons en mains, elles prennent des notes et posent des questions structurantes du type : qui, comment, quand, avec qui, combien, etc.

- **sont équitables et justes.** Ce sont des personnes qui apprécient les situations justes et équitables. Elles apprécient travailler dans un environnement organisé où les normes et les politiques sont perçues comme des guides que nous devons respecter. Elles détestent déroger aux règles établies sans raisons valables, et les traitements de faveur les horripilent.

- **agissent avec tact et diplomatie.** Pour les personnes à dominance Milou, il y a une façon de faire et un temps pour dire les choses. Plutôt que d'agir sous le coup de l'impulsion, elles savent prendre du recul, recadrer les conflits dans leur juste contexte et en discuter lorsqu'elles le jugent à propos.

- **sont objectives.** Les personnes à dominance Milou ont de la difficulté à traiter des impressions, des intuitions et des « ouï-dire ». Elles ont besoin de faits, de données valides et vérifiables.

- **sont pragmatiques.** Réalistes, voire pragmatiques, ce sont des personnes qui ont les pieds bien sur terre (se rappeler que Milou n'a pas deux pattes mais quatre pattes sur terre, cela lui confère une stabilité particulière). Comme elles jonglent facilement avec les faits, la structure, les normes et les procédures, elles excellent dans l'organisation et la planification des actions à entreprendre pour réaliser un projet. Elles remettent rarement un projet en question, à moins qu'il ne soit complètement irréaliste. Elles proposent plutôt des solutions de rechange ou de nouveaux scénarios de réalisation.

Type de leadership exercé par les personnes à dominance Milou : leadership STRATÉGIQUE

Croyances par rapport au respect, au bonheur et au travail

Si vous questionnez des personnes à dominance Milou au sujet de ces valeurs, voici ce qu'elles vous répondront :

Par rapport au respect
Le respect, c'est...
- respecter l'opinion de l'autre, lui demander son avis lorsqu'il est concerné et surtout lui donner du temps pour réfléchir.

Par rapport au bonheur
Être heureux, c'est...
- réaliser son plan de vie comme cela avait été planifié;
- avoir une vie organisée où tout coule de source.

Par rapport au travail
Être heureux au travail, c'est...
- être dans un milieu organisé et structuré où l'on connaît son rôle et qu'il soit possible de bien le jouer;
- soutenir les gens dans la réalisation de leurs projets grâce à ses conseils.

Principales sources de stress

Les plus grandes sources de stress des personnes à dominance Milou sont...

- les changements non planifiés;

- les situations très émotives;

- le manque de temps pour réfléchir;

- le manque de précision dans les rôles, les structures, les objectifs;

- le manque d'information;

- ne pas être « impliqué » dans les décisions qui ont un impact sur leur travail.

Gestuelle caractéristique

Le symbole de la balance représente bien l'archétype « Milou ». Il est très fréquent d'observer le geste de « soupèsement » (peser le « pour » et le « contre ») chez les personnes à dominance « Milou ».

Gestes symbolisant un « bilan », ligne par ligne, étape par étape, la séquence.

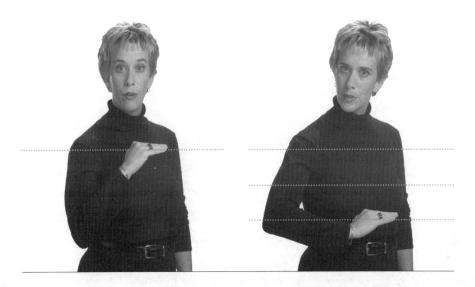

Gestes symbolisant un « cadre » afin de refléter le besoin de bien connaître le « rôle », le « contexte », la structure.

Mots et expressions favoris

Il est possible de reconnaître la présence d'un personnage dominant chez quelqu'un par certains mots ou expressions qu'il utilise. Ceux-ci seront en lien avec sa logique de base et plus particulièrement avec ses grands besoins de réalisation. Voici donc une liste non-exhaustive des mots et expressions qu'utilisent les personnes à dominance Milou.

MILOU : SES GRANDS BESOINS DE RÉALISATION	
RÉALISER ce qui était planifié	Bien jouer son (ses) *RÔLE(S)*
Mots couramment utilisés :	**Mots couramment utilisés :**
– Vérifier, évaluer, évaluation – Planifier, plan, planification – Organiser, organisation – Structurer, structure – Réfléchir, réflexion – Regarder, observer – Analyser, analyse – Contrôler, contrôle – Prévoir, prévision – Anticiper – Écart – Stratégies – Échéancier – Nuance – Bilan – Scénarios, options – Observation – Suivi – Questionner – Reformulation	– Rôle – Recadrer, cadrer, cadre – Descriptif d'emploi – Politique/normes/règles/processus – Équité – Préserver – Distribuer des tâches, des rôles – Questionner (pour vérifier que le rôle a été joué) – Objectivité – Partage des rôles – Loyauté – Faire des liens, mettre en lien – Devoir
Expressions courantes :	**Expressions courantes :**
« Tous les chemins mènent à Rome… » « Laissez-moi réfléchir… » « Faire le point sur… » « Faire le bilan de la situation… » « La nuit porte conseil. »	« Il FAUT que… » « C'est mon rôle ou ma responsabilité de… » « Si je comprends bien, je dois… » « Prendre du recul pour analyser objectivement la situation. » « Ce que j'observe, c'est… » « Quel est mon rôle quelles sont mes responsabilités? » « Les rôles ne sont pas clairs!! »

Marques de reconnaissance les plus appréciées

Les marques de reconnaissance les plus significatives pour les personnes à dominance Milou, c'est-à-dire celles qui ont du **sens** pour elles et leur donnent le sentiment de se sentir grandes, c'est lorsque l'on…

- reconnaît la pertinence de leurs conseils;
- reconnaît leur jugement, leur sens de l'analyse;
- reconnaît leur loyauté, leur soutien, leur rigueur et leur sens du devoir.

Il est à noter que les personnes à dominance Milou apprécient des compliments qui sont à la fois précis et observables. Leur demander conseil est certes l'une des marques de reconnaissance les plus significatives pour elles.

Malgré son intention positive, notre Milou intérieur peut parfois nous jouer de mauvais tours. Voici comment :

Par sa prudence. Il peut arriver que ce besoin de prudence nous paralyse à un point tel que nous choisissions la sécurité plutôt que le risque, nous faisant parfois passer à côté d'opportunités qui auraient pu être très enrichissantes.

Par son besoin de structure et d'organisation. Il peut arriver que notre besoin de structure ne puisse être comblé, surtout en période de réorganisation où une foule d'éléments restent ambigus, non définis, non éclaircis. Ces situations se transforment alors en véritable cauchemar. Nous avons donc tout avantage à apprendre à composer avec l'imprévu, avec ce qui n'est pas clairement défini.

Par son côté réservé et peu démonstratif. Cette nature introvertie fait que nous n'exprimons que rarement ce que nous vivons à l'intérieur de nous-même. Comment notre entourage peut-il alors deviner nos besoins, nos opinions ou encore comprendre nos réactions si nous ne nous exprimons pas? Cette situation fait en sorte que ce que les gens perçoivent de nous peut parfois être à l'opposé de ce qui nous habite, créant ici un terrain fertile à l'incompréhension et aux malentendus. Nous aurions donc avantage à extérioriser un peu plus les émotions qui nous habitent.

Stratégies de protection et principales prises de conscience

Il est relativement facile de couper notre relation à l'autre, que ce soit parce qu'un de ses comportements nous a outragé, déçu ou choqué. Nous avons parfois des efforts à faire pour ne pas tomber dans le piège de fermer la porte à l'autre. La tentation est d'autant plus grande lorsque nous sentons que nos besoins fondamentaux de réalisation sont menacés.

Bien qu'il existe des situations où cette coupure soit nécessaire, il en existe d'autres où il est plus avantageux de prendre « conscience » de notre réaction afin de ne pas rompre la communication. Les stratégies de protection* sont des **réactions** à un déclencheur extérieur qui, selon **notre** perception, vient mettre en péril notre identité. Le but noble (intention positive) de ces réactions est de nous protéger de ces « agressions ». Il est toujours très surprenant d'observer la multitude de stratégies de protection que nous utilisons, et cela de façon plus ou moins consciente. Ce qui est surtout important de réaliser, c'est que lorsque nous nous protégeons, nous ne sommes plus en lien avec l'autre et parfois avec nous-même. En devenir conscient nous permet de désactiver ces automatismes et de préserver notre lien à l'autre et à soi. Il est essentiel d'aborder toutes les stratégies de protection avec doigté et compassion.

---

* Une des questions clés qui peuvent être posées lorsque nous sentons qu'une personne se protège est : *J'ai observé tel changement de comportement chez toi depuis quelque temps. Que se passe-t-il?* Accueillez sincèrement la personne dans ce qu'elle vous dira. Elle vous livrera sans doute quelque chose de très important pour elle, selon sa logique et non la vôtre.

Voici les principales stratégies de protection que les personnes à dominance Milou peuvent utiliser pour se protéger lorsqu'elles sentent que l'exercice de leur rôle et/ou ce qu'elles ont planifié est menacé.

- **Filtrer l'information** dans un but stratégique de coincer l'autre ou de se « décoincer » d'une situation embarrassante.

- **Observer sans s'impliquer.**

- **Prendre des notes** à des fins de contre-attaque.

- **Se tenir aux normes ou à la description du poste** afin d'exprimer sa résistance.

- **Contre-vérifier, enquêter** pour se protéger.

- **Argumenter à outrance.**

- **Entretenir de la rancune.**

- **Utiliser l'ironie et/ou chercher à attaquer l'intelligence de l'autre.**

Voici les principales prises de conscience que les personnes à dominance Milou ont avantage à faire si elles veulent demeurer en relation avec elles-mêmes et avec les autres.

« Je peux me définir au delà des rôles que j'ai à jouer. » Il est très satisfaisant pour les personnes à dominance Milou de bien connaître les rôles qu'elles ont à jouer. Elles ont ainsi des repères auxquels elles peuvent se référer et cela leur donne un sentiment de sécurité. Le malaise qu'elles peuvent ressentir lorsqu'elles vivent des situations ambiguës ou encore peu définies est réel. Elles doivent alors se rappeler de leurs acquis et du fait que ces situations ambiguës n'enlèvent rien à ce qu'elles sont.

Étude de cas : Laurence sait ce que son organisation attend d'elle et elle le fait avec confiance et compétence. C'est une personne structurée et organisée. Un jour, son supérieur l'invite à une rencontre qui a lieu chez un partenaire. Laurence ne sent pas qu'elle a un rôle précis à jouer lors de cette rencontre. Alors qu'elle est habituellement confiante, enjouée et articulée, là, elle est timide et hésitante comme si elle avait perdu son identité.

« Je peux rester serein même si les choses ne sont pas planifiées. » Il est possible que les personnes à dominance Milou n'aient pas envie de s'associer ou de s'investir auprès de personnes ou de projets qu'elles savent peu « organisés » ou peu « structurés ».

Étude de cas : Guy est technicien comptable depuis 15 ans dans une entreprise pharmaceutique. Il est de tempérament calme, chaleureux et très ouvert. Il a vécu une période assez difficile lorsque son supérieur a quitté son travail sans préavis. On lui a demandé d'assurer l'intérim jusqu'à ce que le nouveau gestionnaire entre en poste, soit une période de trois à six mois. Guy n'a eu que peu de temps pour s'adapter à cette nouvelle situation. De plus, on ne lui a pas dit clairement ce qu'on attendait de lui dans le rôle qu'il devait jouer. Il s'est senti désorganisé et sans repères. Il s'est même senti abandonné par la haute direction. Il devint tendu, distant et glacial avec les membres de son équipe.

Pour prendre soin de son côté Milou

Lorsque des imprévus bousculent le quotidien, il est stratégique pour les personnes à dominance Milou de se poser les questions suivantes :

Qu'est-ce qu'on attend de moi?

Est-ce que mon rôle a changé? Si oui, de quelle manière?

Quelles informations dois-je avoir en mains pour bien jouer mon rôle?

Qu'est-ce qui ne change pas?
Cette dernière question est primordiale pour les personnes à dominance Milou. N'oubliez pas qu'elles apprécient avoir les « quatre pattes bien à terre ». Pour elles, prendre conscience des repères qui sont inchangés est très rassurant.

Ce que Milou m'a appris dans ma vie

À mon grand désarroi, je m'en croyais démunie... J'enviais tous ceux et celles que je côtoyais qui étaient investis de la dominance Milou. Je les voyais si sages, si posés... Ils étaient, et sont toujours pour moi, une grande source d'inspiration. Je ne sais pas si c'est la vie qui a fait son œuvre, si j'ai su me laisser inspirer par mon amour (qui est en dominance « Milou »), et par tous les clients que j'accompagne ou si c'est un judicieux mariage de ces trois facteurs, mais j'ai eu la surprise de voir émerger ce côté « Milou » en force et en sagesse dans mes rôles de consultante et de présidente de ma firme. Je crois que je ne serai jamais une « naturelle », mais je sais que j'apprends de plus en plus à l'utiliser à bon escient.

Capitaine Haddock

Grandes caractéristiques selon l'œuvre d'Hergé

Intense, expressif, râleur, bavard, irritable, têtu, vantard, gaffeur, susceptible, jovial, colérique et bourru d'apparence. Il s'est périodiquement bonifié au contact de son ami. La pleine mesure de son génie, il la donne lorsqu'il explose. Le mauvais caractère est triomphant, avec un vocabulaire approprié devenu légendaire. Les tempêtes qu'il déchaîne sont d'autant plus vite apaisées qu'elles furent violentes. Extraverti qui ne cache rien de ses sentiments : c'est un sincère et un spontané. D'une nature généreuse (…) nul n'est moins hypocrite, personne n'est plus transparent. Les injures, il les invente pour s'exorciser du mensonge et de la médiocrité (…) Cette propension à l'irritabilité et cette candeur dans l'action ne manquent pas d'une certaine dose de maladresse. Les bonnes intentions tournent court, les bourdes s'accumulent. Incapacité chronique, fatale, à concilier pensée et action. Mais l'essentiel, au-delà de ces manifestations caractérielles (…) sont ses immenses qualités du cœur et d'âme (…) Il donnerait sa vie pour ses amis (en particulier pour Tintin) et l'amitié n'est pas pour lui un vain mot. Il brave (…) le conformisme méchant, le fascisme quotidien de ses semblables (…) avec joie, avec enthousiasme, avec jeunesse et vie (…)

SADOUL, Numa. *Entretien avec Hergé*, Édition définitive, Casterman, Bibliothèque de Moulinsart, p. 241.

Besoins de réalisation des personnes à dominance Haddock

- **Donner** leur maximum (110 %).

- **Dire** sans retenue tout ce qu'elles ont à dire.

Personnage parfois controversé; certains le craignent et d'autres le vénèrent. Chose certaine, il ne laisse personne indifférent.

La logique qui sous-tend tous les agissements de cet archétype est basée sur un besoin inné de résultats concrets à court terme. Notre côté Haddock représente donc cette partie de nous sur laquelle nous pouvons toujours compter en situation d'urgence. Appelez-le à l'aide et aussitôt il déploiera tout son talent, son sens de la débrouillardise et son savoir-faire pour remédier à la situation. Le Capitaine Haddock est un pompier extraordinaire qui, grâce à sa fougue légendaire, saura toujours nous sortir du pétrin.

En quoi le personnage Haddock est-il précieux dans notre vie?

Notre côté Haddock nous permet…

• de nous exprimer de façon spontanée et authentique;

• d'être énergique, dynamique et intense;

• d'être dans le moment présent;

• de réagir avec assurance dans des situations d'urgence;

• de nous affirmer, de donner notre opinion sans nous préoccuper de la réaction d'autrui;

• de concrétiser nos projets en passant à l'action;

• d'être totalement fidèle aux personnes que nous estimons;

• de détecter les situations à risque et les personnes qui ne sont pas authentiques;

• de nous dépasser;

- d'avoir le goût du risque et de faire preuve d'une certaine audace.

Comment reconnaît-on les personnes à dominance Haddock au travail?

Les personnes à dominance Haddock…

- **sont franches et colorées.** Elles sont assez faciles à reconnaître. Leur regard est vif et intense, leur poignée de main est ferme et leur démarche souvent assurée. Ce sont des personnes enthousiastes qui s'expriment avec intensité. Lorsqu'elles nous regardent, c'est toujours droit dans les yeux! C'est d'ailleurs la façon qu'elles utilisent pour entrer en communication avec les gens et surtout pour évaluer si l'autre est une personne de confiance. Pour elles, une personne qui est capable de les regarder droit dans les yeux est une personne honnête. Des autres, elles se méfient…

- **apprécient les défis de taille.** Lorsqu'elles acceptent un mandat, elles déploient tous les efforts nécessaires afin d'obtenir les résultats escomptés, et même plus… C'est primordial pour elles, presque vital! Leur gloire et leur succès seront d'autant plus grands si le combat a été difficile à livrer. Une victoire ainsi gagnée leur procure un profond sentiment de dépassement et de réussite personnelle.

- **sont fidèles envers les personnes qu'elles estiment.** Les autres n'ont qu'à bien se tenir… Lorsqu'elles estiment quelqu'un, elles sont tout feu tout flamme. Ce sont des personnes fidèles qui resteront toujours aux côtés des personnes qu'elles estiment quoi qu'il advienne, de la pire des tempêtes à la plus grande des célébrations. Elles seront là, toujours prêtes à les aider. Si elles ne les estiment plus… elles peuvent devenir froides, voire glaciales. Capables d'amour inconditionnel, elles sont aussi capables de détester inconditionnellement leurs ennemis en devenant tranchantes, expéditives et sans merci. Les personnes à dominance Haddock ont d'ailleurs avantage à surveiller ce petit trait de caractère brûlant qui peut avoir des effets dévastateurs sur un climat de travail.

- **ne font pas facilement confiance.** Sans même que personne ne s'en rende compte, elles testent leur entourage pour savoir avec qui elles peuvent s'allier. Pour elles, seules sont dignes de respect les personnes qui ont le courage de leurs opinions, qui sont franches et authentiques. Prière aux autres de s'abstenir.

- **sont concrètes.** Elles trouvent satisfaction dans des mandats pouvant se réaliser à court terme. La patience n'est pas au nombre de leurs vertus et les grands débats philosophiques les démotivent en moins de deux. Imaginez un peu la scène : une personne à dominance Haddock participant à une réunion de planification stratégique dans laquelle on détermine les actions à poser pour les trois années à venir. C'est mortel! Elles sont plutôt de l'école de pensée de ceux qui disent : « On construira le pont lorsqu'on sera rendu à la rivière ». La stratégie la plus crédible est celle qui concerne des actions à entreprendre dans les jours, ou tout au plus les semaines, à venir. Sans nier l'importance de la projection, il est fort stratégique de s'entourer de ces personnes qui se préoccupent du quotidien et de l'aspect concret des choses.

- **sont spontanées.** Leur intensité n'a pas d'égal. Sans aucune arrière-pensée, elles disent habituellement **tout** ce qui leur passe par la tête; ce qui peut parfois être mal interprété par ceux qui le reçoivent. Elles ont un talent que bien peu possèdent : celui de partager leur état d'âme spontanément, au moment même où elles le vivent. C'est la transparence incarnée et je dirais même plus, verbalisée. D'ailleurs, elles vont souvent dire tout haut ce que plusieurs pensent tout bas.

- **sont franches**. Si vous leur posez une question, attendez-vous à ce que la réponse ne se fasse pas attendre. Mais n'ayez surtout pas d'attentes en ce qui concerne la façon dont vous sera livrée cette réponse. À vous d'encaisser la note en gardant bien à l'esprit leur intention positive, soit simplement de dire sans retenue ce qu'elles ont à dire. De plus, comme ce sont des personnes très responsabilisantes, si vous osez réagir à leur réponse, elles vous feront une répartie du genre : « Après tout, c'est vous qui avez posé la question, assumez! » Alors, si vous n'êtes pas sûr à 100 % de vouloir connaître la réponse, ne posez pas la question!

- **sont sensibles.** Même si elles n'apprécient pas les échanges dans lesquels elles doivent parler de leurs émotions, ce sont des personnes très sensibles et attentionnées avec ceux qu'elles estiment. Elles peuvent par contre rester de glace en ne faisant preuve d'aucune compassion pour les personnes qu'elles n'estiment pas, allant même jusqu'à se voir donner le titre « cœur de pierre ». Mais leur logique est claire et sans équivoque : « Je respecte les gens qui se respectent, les autres n'ont qu'à aller voir ailleurs ».

- **possèdent un bon sens de l'humour.** Quand vient le temps de s'amuser, elles aiment avoir du plaisir juste pour le plaisir, sans autre but. Et comme elles sont fidèles à elles-mêmes, elles s'amusent intensément! Mais bien qu'elles adorent s'amuser, pour elles, la maxime est claire : il y a un temps pour chaque chose, un temps pour s'amuser et un temps pour travailler. Il ne faut surtout pas confondre les deux.

- **sont exigeantes envers elles-mêmes et avec les autres.** Elles savent se montrer très exigeantes, aussi bien pour elles-mêmes que pour ceux avec qui elles travaillent. Elles peuvent parfois être colériques et réagir fortement lorsqu'elles n'obtiennent pas les résultats auxquels elles s'attendent ou, pire encore, lorsqu'elles font des erreurs. Ce que l'on doit comprendre dans ces accès de colère, c'est qu'elles sont souvent avant tout en colère contre elles-mêmes, détestant au plus haut point l'échec et être prises en défaut. Cela touche souvent directement leur estime d'elles-mêmes.

Type de leadership exercé par les personnes à dominance Haddock : leadership d'ACTION

Croyances par rapport au respect, au bonheur et au travail

Si vous questionnez les personnes à dominance Haddock au sujet de ces valeurs, voici ce qu'elles vous répondront :

Par rapport au respect
Le respect, c'est...
- respecter sa parole et ses engagements;
- être franc, même si cela peut déranger l'autre.

Par rapport au bonheur
Être heureux, c'est...
- vivre intensément, bouger, dépasser ses limites.

Par rapport au travail
Être heureux au travail, c'est...
- réaliser des choses concrètes au quotidien;
- pouvoir être spontané;
- relever des défis difficiles et/ou être interpellé dans l'action;
- se défoncer pour les personnes que l'on estime.

Principales sources de stress

Les plus grandes sources de stress des personnes à dominance Haddock sont...

- l'échec;

- l'inertie;

- le manque de latitude;

- l'incompétence;

- côtoyer des personnes qui ont un rythme plus lent que le leur;

- les « non-dits »;

- côtoyer des personnes qui manquent d'initiative;

- que leur action soit dépendante de quelqu'un d'autre, les empê-chant ainsi de passer à l'action;

- qu'on les ignore;

- de perdre la face;

- d'être incapable de tenir leurs engagements.

Gestuelle caractéristique

Gants de boxe symbolisant le plaisir de croiser le fer avec un adversaire digne de ce combat.

Doigt pointé vers le sol ou vers l'autre avec détermination et intensité. Regard également intense.

Mots et expressions favoris

Nous pouvons reconnaître les personnes à dominance Haddock par certains mots ou expressions qu'elles utilisent. En effet, elles choisiront généralement des mots qui sont en lien avec les besoins de réalisation de ce personnage.

HADDOCK : SES GRANDS BESOINS DE RÉALISATION	
Se *DONNER* au maximun (son 110 %)	DIRE sans retenue
Mots couramment utilisés :	**Mots couramment utilisés :**
– Foncer – Se défoncer, défoncer – Travailler fort – Se dépasser – Bouger – Réaliser – Faire – Résultats à atteindre – Réussir – En plus – Intensité – Agir, action – Accomplir – Concret, concrètement	– Dire – Affirmation, s'affirmer – Décider – Exprimer – Expulser, expulsion
Expressions courantes :	**Expressions courantes :**
« GO,GO,GO... » « Le plus court chemin entre deux points, c'est la ligne droite. » « Quand on commence quelque chose, on le finit! » « L'important, c'est d'avancer. » « Allez gang! On donne notre 110 %! » « On se concentre et on avance. » « On se relève les manches... » « Se donner un coup de pied au dernière. »	« Il faut que ça sorte, que ça s'exprime, que ça se dise! » « Excuse-moi, il faut que je te dise quelque chose... » « Qui ne dit mot consent... » « Ce qui ne mérite pas d'être dit, ne mérite pas d'être pensé. » « Se vider le cœur. » « Ça m'a fait du bien de t'en parler. » « Tout ce qui n'est pas dit pourrit. »

Marques de reconnaissance les plus appréciées

Les marques de reconnaissance les plus significatives pour les personnes à dominance Haddock, c'est-à-dire celles qui ont du **sens** pour elles et leur donnent le sentiment de se sentir grandes, c'est lorsqu'on…

- reconnaît leur performance, leur efficacité;
- leur démontre que l'on a besoin d'elles dans l'action.

Il est cependant important de noter que les personnes à forte dominance « Haddock » n'apprécient pas se faire « encenser » de compliments. Cela peut même engendrer chez elles un sentiment de méfiance. Lorsque vient le temps des éloges, gardez toujours en tête qu'avec elles, la modération et la sincérité ont bien meilleur goût.

Malgré son intention positive, notre Haddock intérieur peut parfois nous jouer de mauvais tours. Voici comment :

Par sa spontanéité. En ne mesurant pas toujours l'impact de nos « dires » ou de nos gestes sur notre environnement, nous pouvons blesser ou causer des malentendus sans le vouloir.

Par son haut niveau d'exigence. Être trop exigeant par rapport à nous-même et par rapport aux autres peut, à l'occasion, nous rendre très critique, voire « grincheux ».

Par l'intensité de ses réactions émotives. Un ton sec, des gestes parfois brusques, des accès de colère ou de frustration peuvent nous valoir des remarques concernant notre manque de tact; remarques auxquelles nous n'accorderons du crédit que si elles proviennent de personnes que nous estimons.

Par son impatience légendaire. Il peut parfois nous amener à être expéditif et à balayer du revers de la main certaines situations ou personnes (ex. : lorsqu'il faut attendre, répéter, réexpliquer ou encore recommencer quelque chose) tout ceci n'étant pour nous que pure perte de temps.

Par sa fermeture aux personnes qu'il n'estime pas. Cette attitude peut parfois faire en sorte de nous isoler et nous faire perdre de belles occasions de découvrir des personnes sous d'autres aspects.

Stratégies de protection et principales prises de conscience

Il est relativement facile de couper notre relation à l'autre, que ce soit parce qu'un de ses comportements nous a outragé, déçu ou choqué. Nous avons parfois à faire des efforts pour ne pas tomber dans le piège de fermer la porte à l'autre. La tentation est d'autant plus grande lorsque nous sentons que nos besoins fondamentaux de réalisation sont menacés.

Bien qu'il existe des situations où cette coupure soit nécessaire, il en existe d'autres où il est plus avantageux de prendre « conscience » de notre réaction afin de ne pas rompre la communication. Les stratégies de protection* sont des **réactions** à un déclencheur extérieur qui, selon **notre** perception, vient mettre en péril notre identité. Le but noble (intention positive) de ces réactions est de nous protéger de ces « agressions ». Il est toujours très surprenant d'observer la multitude de stratégies de protection que nous utilisons, et cela de façon plus ou moins conscient. Ce qui est surtout important de réaliser, c'est que lorsque nous nous protégeons, nous ne sommes plus en lien avec l'autre et parfois avec nous-même. En devenir conscient nous permet de désactiver ces automatismes et de préserver notre lien à l'autre et à soi. Il est essentiel d'aborder toute les stratégies de protection avec doigté et compassion.

---

* Une des questions clés qui peuvent être posées lorsque nous sentons qu'une personne se protège est : *J'ai observé tel changement de comportement chez toi depuis quelque temps. Que se passe-t-il?* Accueillez sincèrement la personne dans ce qu'elle vous dira. Elle vous livrera sans doute quelque chose de très important pour elle, selon sa logique et non la vôtre.

Voici les principales stratégies de protection que les personnes à dominance Haddock peuvent utiliser pour se protéger lorsqu'elles sentent qu'elles ne peuvent donner leur maximun (110 %) ou dire ce qu'elles ont à dire.

- **Insulter l'autre.**

- **Nier** même si elles savent qu'elles ont tort.

- **Tempêter,** devenir **colérique.**

- **S'entêter.**

- **Bousculer** verbalement et parfois même physiquement autrui.

- **Jurer.**

- **Imposer leurs directives.**

- **Accuser l'autre** pour ne pas être prises en défaut.

Mêmes si ses réactions impressionnent souvent l'entourage, il est souhaitable de conserver votre attitude d'ouverture et de compréhension. Vous le savez maintenant… c'est qu'il y a quelque chose qui cloche. Questionner sera certes plus efficace que juger.

Voici les principales prises de conscience que les personnes à dominance Haddock ont avantage à faire si elles veulent demeurer en relation avec elles-mêmes et avec les autres.

« Je suis très exigeant envers moi et envers les autres, j'ai avantage à développer ma tolérance. » Comme nous l'avons déjà mentionné, les personnes à dominance Haddock sont des personnes qui cherchent constamment à donner leur maximum (110 %). Ce niveau d'exigence génère parfois chez elles de l'impatience à l'égard des personnes de leur entourage. Leurs attentes peuvent devenir à ce point élevées qu'elles découragent leurs collègues. Il pourra aussi arriver que les personnes à dominance Haddock perdent l'estime qu'elles ont pour ceux qui ne répondent pas à ces critères de performance.

Étude de cas : Robert est le nouveau gestionnaire d'une équipe de cinq personnes. Selon lui, tous les membres de son équipe exécutent un travail de qualité et chacun d'eux répond aux normes demandées, mais sans plus. Robert trouve qu'il manque de dynamisme et d'initiative au sein de son équipe et il souhaite remédier à cette situation. Il se donne deux mois pour y arriver. Bien que tous les membres de son équipe reconnaissent sa fougue et sa fraîcheur, ils sentent malheureusement que Robert ne reconnaît pas leurs efforts au travail. En effet, peu importe ce qu'ils font, ils sentent qu'ils ne réussiront jamais à répondre aux attentes de Robert. Cela les démobilise au plus haut point. Conscient de cette situation, Robert a réagi de façon constructive en établissant avec ses collègues des attentes plus réalistes et il a su reconnaître tous les efforts que ces derniers déployaient.

« Il y a plus d'une façon de donner son maximum (son 110 %). » Pour les personnes à dominance Haddock, donner son maximum est souvent synonyme de réactions rapides, de dépassement d'objectifs, d'enthousiasme et d'audace. Ce sont là des façons d'agir qui sont tout à fait cohérentes avec leurs croyances et en accord avec leurs besoins de réalisation. Il est donc normal qu'elles se les imposent et les imposent aux autres. Comme nous l'avons déjà vu, chaque personne possède son propre schème de croyances et cherche à se réaliser à travers lui. Les personnes à dominance Milou ou Tintin ressentiront ce même besoin d'action, mais leur façon de faire sera très différente de celle des personnes à dominance Haddock. Cette prise de conscience est très importante car elle permet aux personnes à dominance Haddock de reconnaître le droit à la différence dans l'exercice des tâches à réaliser. Cela les aide à devenir plus patientes et à préserver leur estime pour les personnes qu'elles côtoient.

« Je peux être impressionnant dans ma façon de m'exprimer. » Les personnes à dominance Haddock sont des personnes intenses. Lorsqu'elles sont contrariées, le ton de leur voix devient souvent plus intense et leur regard parfois plus dur. Il peut même leur arriver, tout comme Haddock, d'utiliser des jurons pour manifester leurs frustrations, ce qui impressionne encore plus leur entourage. Prendre conscience de ces réactions, et surtout de leurs impacts possibles sur les autres, permet aux personnes à dominance Haddock de mieux doser leur intensité et surtout de maintenir un lien respectueux avec les personnes qui les entourent. Nous utilisons le terme « impacts possibles » car certaines personnes ne seront pas du tout impressionnées par l'intensité de ce côté Haddock, par contre d'autres en seront mortifiées. Il est donc bon pour les personnes à dominance Haddock de valider auprès des personnes de leur entourage leur degré de confort ou d'inconfort par rapport à ces réactions. Cela permet d'ouvrir le dialogue de façon authentique et respectueuse.

« Comme j'ai un rythme d'action très rapide, je dois me surveiller pour ne pas faire les choses à la place des autres. » Les personnes à dominance Haddock sont vives et rapides dans l'action. Comme il a déjà été mentionné, la patience n'est pas la plus grande de leurs vertus. Elles préfèrent souvent faire le travail elles-mêmes plutôt que d'attendre après les autres ou encore de répéter les consignes et les explications.

Pour prendre soin de son côté Haddock

L'exercice suivant est proposé à tous ceux et celles qui se reconnaissent dans ce côté Haddock.

Comme le côté Haddock carbure à l'estime qu'il a pour les autres, il est important d'évaluer le degré d'estime que vous avez pour les personnes de votre entourage afin de conserver une relation respectueuse avec elles.

Quelles sont les personnes avec lesquelles je dois transiger pour effectuer mon travail?	Quel degré d'estime est-ce que j'ai pour ces personnes? (Échelle de 1 à 10)*	Quel est le degré d'importance de ces relations dans la réalisation de mon travail? (Cote A à C ou N/S)**
	10	
	10	
	10	
	10	
	10	
	10	
	10	
	10	

* 1 = Très peu d'estime	10 = Beaucoup d'estime	
**A = Prioritaire et essentielle	B = Importante mais non essentielle	
C = Peu importante	N/S = Ne s'applique pas	

Note : Si votre cote d'estime est inférieure à 6/10 et que le degré d'importance de la tâche à réaliser est A ou B, il serait bon d'aller chercher du soutien pour prendre soin de vous et... de l'autre.

Si votre cote d'estime est inférieure à 5/10 et cela peu importe le degré d'importance de ces relations dans la réalisation de votre travail, restez vigilant, votre spontanéité et votre franchise pourraient vous jouer de vilains tours et créer des situations de tension non-désirables.

Ce qu'Haddock m'a appris dans ma vie

Quelle belle découverte! Ce côté que je croyais si dérangeant, si impulsif et à qui je n'osais faire confiance, vu son intensité, s'est avéré être un grand allié. Je n'avais tout simplement pas compris sa richesse, sa grandeur d'âme, ni sa précieuse authenticité. Avais-je à ce point peur de ce côté de moi pour craindre de le rencontrer et d'en faire mon allié? Je crois sincèrement que oui. Depuis ce temps, je l'ai apprivoisé et il est devenu mon fidèle complice du quotidien. C'est lui qui me prodigue des mots d'encouragement et me pousse en avant lorsque le courage d'oser me manque. Sa vitalité me réjouit et me réconforte. Entre lui et moi, le respect et l'estime se sont solidement bâtis. Aujourd'hui, je ne pourrais plus me passer de sa logique de vie simple et bien « ancrée ».

Dupond et Dupont (Dupondt)

Grandes caractéristiques selon l'œuvre d'Hergé

Présents dès la première page de Tintin au Congo, les « Dupondt » sont, après Milou, les plus vieux compagnons de Tintin. (…) Mais plus encore que leur talent de détectives, ce sont leurs qualités humaines qui nous rendent les « Dupondt » profondément attachants. Ainsi, comment ne pas être ému par leur sens aigu de l'amitié, que ce soit celle qu'ils se vouent mutuellement ou celle qui les lie à Tintin et dont les mentions faites tout au long de leurs communes aventures attestent l'indéfectibilité.

Pour exprimer cette amitié, Dupond et Dupont ne se contentent pas de mots. Le plaisir qu'ils éprouvent à retrouver Tintin (…) n'a d'égal que leur sollicitude quand ils le savent en difficulté. Alors comme dans Le temple du Soleil, *lorsqu'ils n'hésitent pas à changer radicalement leurs méthodes pour retrouver leur ami disparu (Tintin), ils ne mégotent pas leurs efforts.*

ALGOUD, Albert. *Le Dupondt sans peine*, Paris, Canal+Éditions, 1997, p.12.

Prémices

Qui pourrait imaginer les Dupond et Dupont séparés? Nul n'oserait même y penser. Nos deux amis ont trouvé leur force à être ensemble. C'est leur plus grande richesse. Ils se soutiennent et se valident mutuellement : « Je dirais même plus, je dirais même… », ils se protègent et se réconfortent. Leur réelle efficacité vient justement du fait qu'ils sont et seront toujours là l'un pour l'autre. Dans le but de faciliter votre lecture, l'expression « Dupondt » sera utilisée au singulier pour décrire ces deux personnages.

Besoins de réalisation des personnes à dominance Dupondt

- Besoin de donner et de recevoir de **l'amour** ou de **l'affection**.

- Besoin de créer de **l'harmonie** autour d'elles.

En quoi le personnage Dupondt est-il précieux dans notre vie?

Notre côté « Dupondt » nous permet…

- de faire preuve d'empathie;

- de faciliter notre adaptation à l'environnement. À ce titre, il est amusant de se rappeler l'habitude qu'ont les « Dupondt » lorsqu'ils arrivent dans un nouveau pays, soit celle de revêtir le costume national. N'est-ce pas une magnifique marque de respect? Se mettre au diapason des personnes qu'elles côtoient est une réelle préoccupation pour eux;

- de rechercher des modes de collaboration satisfaisants pour tous;

- de rechercher les consensus;

- de chercher des stratégies de règlements de conflits qui privilégient la formule gagnant-gagnant;

- de décoder et d'identifier les situations potentielles de conflits ou d'inconfort;

- d'être sensible aux besoins des personnes et non pas uniquement aux résultats à atteindre;

- de parler des émotions qui nous habitent et d'accueillir l'autre dans les siennes;

- de créer un climat harmonieux et chaleureux grâce à une multitude d'attentions : fêtes, marques de reconnaissance, humour, organisation d'activités sociales, etc.

Comment reconnaît-on les personnes à dominance Dupondt au travail?

Les personnes à dominance « Dupondt »…

- **sont souriantes et accueillantes.** Leur gentillesse est souvent remarquable. Elles s'informent et se préoccupent de notre bien-être, prennent le temps de nous saluer, de nous accueillir, elles s'informent de notre niveau de satisfaction, s'intéressent à nos activités même en dehors du travail, etc. Toutefois, il est faux de croire que les personnes à dominance « Dupondt » s'ouvrent spontanément à tout le monde. En effet, elles préfèrent souvent écouter l'autre que de parler d'elles. Elles prennent le temps de s'adapter à leurs interlocuteurs, de créer un « pont » qui les relie, et une fois la relation bien établie, l'échange peut alors prendre place. Si jamais elles sentent une menace au niveau de la relation, elles deviennent habituellement plus réservées.

- **sont sensibles aux autres.** Ce sont de vrais baromètres émotionnels. Elles savent reconnaître et identifier en un rien de temps les sources de conflits relationnels. En raison de leur sensibilité, on croit souvent à tort qu'il faut prendre une foule de précautions pour ne pas les blesser. Elles ont seulement besoin qu'on leur parle avec sincérité et qu'on leur démontre que l'on souhaite garder la relation avec elles. Elles sont sensibles, mais pas fragiles.

- **sont d'excellents collaborateurs.** Le fait qu'elles soient attentives aux autres permet à ces personnes de se rendre compte des moments où leurs collègues sont débordés, fatigués, stressés, inquiets, etc. Elles offriront alors généreusement de les aider, allant parfois jusqu'à se surcharger elles-mêmes. Leur grande satisfaction est de voir l'autre soulagé et heureux. Leur plus grande force réside dans le travail d'équipe, surtout lorsque plaisir et harmonie sont au rendez-vous.

- **respectent les personnes en situation d'autorité.** Les personnes à dominance « Dupondt » entretiennent souvent une relation particulière avec les gens en situation d'autorité. Ces relations sont pour elles très significatives.

- **n'aiment pas les conflits.** Qui pourrait en douter? Imaginez combien difficile cela peut être pour les personnes à dominance « Dupondt » de mettre leurs limites, de dire « Non! », de donner un *feed-back* d'amélioration (critique) à un de leurs collègues, et pire encore à leur supérieur? Que croyez-vous qu'elles pensent des périodes de changement qui entraînent des congédiements, ou encore des périodes de négociation orageuses? Pour elles, c'est l'horreur. Sitôt le conflit réglé, leur préoccupation première sera de rétablir immédiatement l'équilibre pour que règne à nouveau l'harmonie. Cette qualité fait d'ailleurs d'elles d'excellents conseillers relationnels.

- **respectent les règles établies.** Plus les règles sont claires, plus il est facile pour elles de savoir ce qui plaît et ce qui ne plaît pas. Remettre en question un mode de fonctionnement ou contrecarrer des règles établies ne fait pas partie de leurs réflexes car elles savent pertinemment quel pourrait être le prix à payer en conflits et en tensions.

- **sont capables de créer des liens solides.** N'est-ce pas agréable de recevoir une carte de vœux à son anniversaire, de recevoir des fleurs ou du chocolat à Pâques, de recevoir un compliment ou encore des remerciements? Les personnes à dominance « Dupondt » distribuent allègrement ces marques d'affection. Elles sont généreuses et sincères. De plus, ce sont des personnes qui ont à cœur d'entretenir leurs relations. Il n'est donc pas rare de les voir entretenir avec leurs collègues des relations en dehors de leur contexte de travail : soupers, activités familiales, vacances, pratique d'un sport, etc.

- **sont d'excellents conciliateurs.** N'aimant pas les conflits, et comme elles sont de bon conseil, elles sont capables d'amener les parties à reprendre contact ou tout au moins à mieux se comprendre l'une l'autre. Rares sont les occasions où elles vont accepter de jouer le rôle de médiateur. Elles préfèrent de loin conseiller les personnes en conflit en les amenant à trouver des solutions par elles-mêmes. Proposer plutôt qu'imposer, voilà leur devise.

- **aiment avoir du plaisir.** Elles aiment organiser des activités à caractère social. Elles savent pertinemment que de telles activités ont une influence positive aussi bien sur le climat de travail que sur les relations interpersonnelles. C'est d'ailleurs le but premier qu'elles recherchent. Lorsque la situation devient tendue, il arrive fréquemment qu'une personne à dominance « Dupondt » utilise l'humour pour détendre l'atmosphère.

Type de leadership exercé par les personnes à dominance Dupondt : leadership RELATIONNEL

Croyances par rapport au respect, au bonheur et au travail

Si vous questionnez les personnes à dominance « Dupondt » au sujet de ces valeurs, voici ce qu'elles vous répondront :

Par rapport au respect
Le respect, c'est...
- faire attention à l'autre et le respecter dans ce qu'il est.

Par rapport au bonheur
Être heureux, c'est...
- vivre en harmonie avec les personnes qui nous entourent;
- se sentir aimé et apprécié tel que l'on est.

Par rapport au travail
Être heureux au travail, c'est...
- travailler en collaboration avec ses collègues de façon harmonieuse;
- aider les autres et contribuer à leur bonheur (mieux-être).

Principales sources de stress

Les plus grandes sources de stress des personnes à dominance « Dupondt » sont de…

- déplaire, faire de la peine;

- dire non, mettre ses limites;

- prendre des décisions qui risquent de créer des tensions;

- perdre des relations;

- vivre des situations de tensions, de conflits;

- que l'on fasse preuve d'indifférence à son égard.

Gestuelle caractéristique

*L'image du « cœur »
les représente bien.*

*La main (ou les deux mains) posée sur la
région du cœur symbolisant la préoccupation
relationnelle.*

*Les mains font un va-et-vient
entre soi et l'autre symbolisant
la relation de réciprocité.*

Mots et expressions favoris

Il est possible de reconnaître des personnes à dominance « Dupondt »
par certains mots ou expressions qu'elles utilisent. Elles choisiront
souvent des mots qui sont en relation avec leur besoin de réalisation.
Voici donc une liste non-exhaustive des mots et expressions qu'utilisent les personnes à dominance « Dupondt ».

DUPONDT : SES GRANDS BESOINS DE RÉALISATION	
AIMER et être aimé	Créer de l'HARMONIE
Mots couramment utilisés :	**Mots couramment utilisés :**
– Aimer, amour – Émotions – Approbation – Réciprocité – Affinité – Cœur – Rejet, rejeté	– Harmonie, harmonieux – Collaborer – Aider – Accueil, accueillir l'autre – Soutenir – Ensemble – Faire plaisir – Consensus – Entraider, entraide – Empathie – Faire attention à l'autre – Prendre soin – Conciliation, conciliateur
Expressions courantes :	**Expressions courantes :**
« Le cœur a ses raisons… » « Sentir que cela coule entre nous, que le courant passe. » « Discuter à cœur ouvert avec l'autre. » « Ensemble, on y arrivera. » « Je sens qu'il m'aime ou qu'il ne m'aime pas… »	« Je me sens bien ou je ne me sens pas bien avec cette personne. » « Vas-y, je t'écoute… » « Je te sens en colère, ai-je fait quelque chose qui t'a déplu? » « Est-ce que ça va? » « Tout va comme tu veux? » « J'haïs ça, la chicane! »

Marques de reconnaissance les plus appréciées

Les personnes à dominance « Dupondt » sont sensibles à la majorité des marques d'attention. Elles leur donnent le sentiment de se sentir en relation avec l'autre. La **sincérité** de la marque d'attention est par contre nécessaire, sinon son impact sera sans effet.

Malgré son intention positive, notre « Dupondt » intérieur peut nous jouer de mauvais tours. Voici comment :

Par sa difficulté à prendre position ou à exprimer clairement son opinion. Nous pouvons craindre, à raison ou à tort, de générer des conflits ou des tensions relationnelles.

Par sa difficulté à mettre ses limites ou à dire « non ». Ce type de situation peut engendrer chez nous des sentiments de frustration plus ou moins importants.

Par sa tendance naturelle à s'entourer de personnes qui lui témoignent de la sympathie. Cela peut parfois nous amener inconsciemment à nous allier à des groupes où à privilégier des relations au détriment des autres (création de clans).

Par sa facilité à se laisser influencer. Cela peut faire en sorte qu'il y ait un certain risque à perdre de vue nos propres besoins et cela pour faire plaisir à l'autre.

Par sa difficulté à prendre du recul lorsqu'une tension relationnelle est vécue. Comme ces situations sont assez énergivores, il est souvent difficile de s'en dégager lorsqu'un conflit est vécu au sein de notre équipe de travail (que nous soyons impliqué ou pas).

Stratégies de protection et principales prises de conscience

Il est relativement facile de couper notre relation à l'autre, que ce soit parce qu'un de ses comportements nous a outragé, déçu ou choqué.

Nous avons parfois à faire des efforts pour ne pas tomber dans le piège de fermer la porte à l'autre. La tentation est d'autant plus grande lorsque nous sentons que nos besoins fondamentaux de réalisation sont menacés.

Bien qu'il existe des situations où cette coupure est nécessaire, il en existe d'autres où il est plus avantageux de prendre « conscience » de notre réaction afin de ne pas rompre la communication. Les stratégies de protection* sont des **réactions** à un déclencheur extérieur qui, selon **notre** perception, vient mettre en péril notre identité. Le but noble (intention positive) de ces réactions est de nous protéger de ces « agressions ». Il est toujours très surprenant d'observer la multitude de stratégies de protection que nous utilisons, et cela de façon plus ou moins consciente. Ce qui est surtout important de réaliser, c'est que lorsque nous nous protégeons, nous ne sommes plus en lien avec l'autre et parfois avec nous-même. En devenir conscient nous permet de désactiver ces automatismes et de préserver notre lien à l'autre et à soi. Il est essentiel d'aborder toutes les stratégies de protection avec doigté et compassion.

Voici les principales stratégies de protection que les personnes à dominance Dupondt peuvent utiliser pour se protéger lorsqu'elles sentent la relation avec l'autre menacée et/ou lorsqu'elles sentent qu'il y a risque de conflit (de « désharmonie »).

- **Changer de discours selon son interlocuteur** afin de conserver la relation.

- **Cacher ses erreurs** pour éviter des déceptions ou des tensions.

---

* Une des questions clés qui peuvent être posées lorsque nous sentons qu'une personne se protège est : *J'ai observé tel changement de comportement chez toi depuis quelque temps. Que se passe-t-il?* Accueillez sincèrement la personne dans ce qu'elle vous dira. Elle vous livrera sans doute quelque chose de très important pour elle, selon sa logique et non la vôtre.

- **Se culpabiliser** (devenir victime et/ou bourreau).

- **Jouer de gentillesse** (charmer l'autre).

- **Créer des clans.**

- **Lancer des rumeurs** souvent par besoin d'attention des autres.

- **Bouder** pour manifester son désaccord ou sa colère.

Voici les principales prises de conscience que les personnes à dominance Dupondt ont avantage à faire si elles veulent demeurer en relation avec elles-mêmes et les autres.

« Je ne suis pas responsable du bonheur des autres. » Les personnes à dominance Dupondt ont souvent l'impression qu'elles sont responsables du bonheur ou du malheur des autres. Lorsqu'elles voient qu'une personne de leur entourage est contrariée ou triste, leur premier réflexe est souvent de s'enquérir de ce qui la trouble, de s'informer à savoir si elles sont en cause et/ou d'offrir leur soutien et leur aide. Ce geste est certes très louable et démontre assurément une grande ouverture du cœur. Il sera bien accueilli dans certains cas, moins bien dans d'autres. Si l'intention première est de signifier à l'autre un sentiment d'empathie pour ce qu'il vit, il y a de fortes chances que l'aide offerte soit bien reçue. Par contre, si l'autre perçoit un sentiment de culpabilisation chez la personne à dominance Dupondt, il se peut qu'il se sente agacé par son attitude.

« Je ne suis pas seul responsable de l'harmonie qui règne au sein de mon équipe de travail. Nous en sommes tous coresponsables. »

Étude de cas : Pierre et Louise vivent un conflit interpersonnel important. Ils ne s'adressent presque plus la parole. Ginette collabore avec eux de façon régulière. Ginette se sent déchirée entre les deux; elle sent bien la charge émotive et tente par tous les moyens de créer un climat plus harmonieux. Elle utilise l'humour, tente d'amoindrir les tensions en étant *plus conciliante et plus avenante, mais ses tentatives n'ont que très peu d'impact sur le climat ambiant. Ginette est très préoccupée par cet état de choses et ne voit pas comment elle pourrait améliorer la situation. Comme cette situation la touche, elle commence à ressentir des malaises physiques (sinusites à répétition, bronchites, maux de gorge, etc.). Ginette a tout avantage à remettre la coresponsabilité à Pierre et à Louise en rapport avec le climat de tension que leur relation génère. C'est à eux de trouver des solutions pour régler leur différend.*

« Je peux être une personne aimable, même si je mets mes limites. » Cette prise de conscience est en lien direct avec la précédente. Il arrive très souvent que les personnes à dominance Dupondt croient qu'en mettant leurs limites, elles ne seront plus aimées. Il est intéressant de remettre cette croyance en question afin de valider l'impact réel que cela peut avoir auprès des personnes de leur entourage (gestionnaire, collègues, partenaires). Elles seront sûrement très surprises des réponses qu'elles recevront. Il y a de fortes chances qu'elles gagnent au contraire le respect et l'estime de leurs collègues, permettant ainsi un meilleur climat de collaboration. (Demandez d'ailleurs aux personnes à dominance Tintin et Haddock.)

« Je ne peux pas aimer et être aimé de tout le monde. » Même si les expériences de vie nous apprennent assez rapidement cette réalité, les personnes à dominance Dupondt souhaitent quand même aimer et être aimées de la majorité des personnes qu'elles côtoient. Il sera sans doute toujours difficile pour elles de côtoyer des personnes avec lesquelles « le courant passe moins bien ».

Pour prendre soin de son côté Dupondt

Un exercice de soutien est proposé à toutes les personnes à dominance Dupondt.

Il est important d'évaluer la qualité relationnelle que vous avez avec les personnes de votre entourage afin d'assurer votre qualité de vie au travail et de prendre soin de vous.

Quelles sont les personnes avec lesquelles je dois transiger pour effectuer mon travail?	Quelle est ma perception de la qualité relation- nelle que j'ai avec ces personnes? (Échelle de 1 à 10)*	Quel est le degré d'im- portance de ces relations dans la réalisation de mon travail? (Cote A à C ou N/S)**
	10	
	10	
	10	
	10	
	10	
	10	
	10	
	10	

* 1 = Médiocre	10 = Excellente	
**A = Prioritaire et essentielle	B = Importante mais non essentielle	
C = Peu importante	N/S = Ne s'applique pas	

Note : Si votre cote de perception de qualité relationnelle est inférieure à 6/10 et que le degré d'importance de cette personne dans la réalisation de cette tâche est de A ou B, il serait souhaitable d'aller chercher du soutien pour dénouer l'inconfort qui se vit avec cette personne. Sinon, votre qualité de vie au travail et votre efficacité pourraient en être grandement affectées.

Si votre cote de perception de qualité relationnelle est inférieure à 6/10 et que le degré d'importance de cette personne dans la réalisation de cette tâche est de C ou N/S, il est souhaitable que vous preniez du recul et acceptiez que vous ne puissiez pas être aimé de tout le monde. Il est souhaitable pour vous de réserver vos énergies pour des relations qui sont plus significatives. Exercer ce « lâcher-prise » peut être très difficile pour vous, mais vous en sortirez gagnant.

Ce que Dupondt m'a appris dans ma vie

Mon côté « Dupondt », c'est ma connexion aux autres, c'est mon côté tendresse, c'est mon côté cœur qui s'exprime pour le simple plaisir d'être en lien avec une autre personne. C'est le « pont » qui me relie à l'autre, me permettant d'être sensible et empathique. Certes, cette partie de moi s'attriste souvent devant la cruauté des humains et me rappelle sans cesse cette toute petite phrase : « L'Humain est fait pour aimer et être aimé…, et je dirais même plus…, il est fait pour aimer ».

Professeur Tournesol

Grandes caractéristiques selon l'œuvre d'Hergé

Éminent scientifique, parsemant l'œuvre de ses étonnantes trouvailles, avec discrétion et efficacité. Distrait, coupé de la réalité, à moitié sourd. Le génie solitaire (…) semble un peu dépassé. Son incorrigible distraction et son inadaptation à la vie de tous les jours chargent la caricature. C'est un rêveur, pacifique, paisible et non violent, modeste. L'individu est fort capable d'héroïsme, ses colères sont explosives (Objectif Lune et Vol 714 pour Sidney).

SADOUL, Numa. *Entretien avec Hergé*, Édition définitive, Casterman, Bibliothèque de Moulinsart, p. 240.

On le trouve plutôt secret. Nous ne savons pas toujours ce qu'il mijote dans son laboratoire. En général, il est peu communicatif. Il ne communique que lorsqu'il en a envie ou encore lorsqu'il se sent suffisamment avancé dans ses travaux pour en discuter.

Besoins de réalisation des personnes à dominance Tournesol

- Besoin d'aller au bout de ses **passions** (« tripper »).

- Besoin de vivre un profond sentiment de **liberté** (être libre).

En quoi le personnage Tournesol est-il précieux dans notre vie?

Notre côté Tournesol nous permet de...

- découvrir et de prendre soin de nos passions;

- prendre conscience de nos besoins personnels physiologiques, affectifs, psychologiques et de les nourrir;

- découvrir de nouvelles connaissances, explorer de nouvelles avenues, entreprendre notre propre voyage sur la lune;

- nous couper des agressions extérieures en développant notre écoute sélective, aussi connue sous le nom de demi-surdité, et cela de façon stratégique et constructive. Cela peut nous être très utile dans des moments où le climat est tendu ou encore lorsqu'il y a des sujets qui nous bouleversent et sur lesquels nous n'avons aucun pouvoir (ex. : discussions entre collègues sur des sujets tels les accidents d'automobile, les attentats terroristes, des rancœurs non réglées entre collègues, etc.);

- nous ressourcer en nous coupant des préoccupations du quotidien pour nous concentrer sur des choses qui nous font plaisir.

Comment reconnaît-on les personnes à dominance Tournesol au travail?

Les personnes à dominance Tournesol...

- **sont autonomes et ont besoin de liberté.** Elles montrent généralement un air calme et détendu, comme si rien ne les stressait vraiment. Elles sont relativement indépendantes et peu influençables. Elles prennent le temps de faire les choses à **leur** rythme et à **leur** façon, d'où leur besoin inné de se sentir totalement **libres**. Bien entendu, la vie en société ne permet pas toujours ce genre de luxe, surtout en milieu de travail. Les personnes à dominance

Tournesol qui sont en manque de liberté ont souvent l'impression d'étouffer (de manquer d'air, de liberté). C'est pourquoi elles ont tout intérêt à trouver une façon de satisfaire ce besoin autrement. Elles peuvent, par exemple, se donner des moments de solitude (ex. : dîner en tête-à-tête avec elles-mêmes, faire une promenade à l'heure de la pause, fermer leur porte de bureau par moment pour mieux se concentrer, etc.).

- **sont capables d'avoir une écoute sélective.** Parmi les ruses qu'elles utilisent pour nourrir leur besoin de tranquillité, les personnes à dominance Tournesol ont développé, comme déjà mentionné, une habitude qu'elles utilisent assez régulièrement : leur écoute sélective. Cette semi-surdité leur permet de filtrer l'information qui les intéresse et de rejeter celle qui les intéresse moins. Cette stratégie leur permet aussi de se créer des moments de liberté intérieure durant lesquels le monde extérieur ne peut plus les atteindre.

- **sont méthodiques.** Elles développent une méthode de travail bien à elles et elles apprécient au plus au point organiser les choses à **leur** façon. Si leur environnement semble parfois « bordélique », sachez que c'est un chaos organisé dans lequel elles n'ont habituellement aucune difficulté à se retrouver. Et gare à celui ou celle qui viendra les critiquer ou tenter de mettre de l'ordre dans leurs affaires.

- **considèrent leur environnement sacré.** Nous avons observé que les personnes à dominance Tournesol semblent entourées d'une « bulle » sur laquelle est inscrit en lettres d'or : « Zone à ne pas dépasser ». D'ailleurs, elles n'apprécient guère être touchées, surtout à la tête. Si jamais il arrive qu'elles se laissent toucher, ce sera par des personnes qu'elles auront elles-mêmes choisies. Après tout, n'entre pas qui veut dans leur bulle. De plus, elles n'aiment pas que l'on touche aux choses qui leur appartiennent. Il n'est pas rare non plus de les voir inscrire leur nom sur leurs objets : crayons, dossiers, tasses, gomme à effacer, etc. Elles veulent ainsi faire respecter leur espace. Elles sont généralement ouvertes à partager leur matériel à la condition qu'on leur retourne en bon état et à la bonne place.

- **sont des personnes passionnées.** Lorsqu'elles s'adonnent à leurs passions, elles y plongent et s'y consacrent totalement. Le temps n'existe plus, l'espace se transforme, plus rien n'a d'importance sauf... l'expression de cette passion qui les habite. C'est d'ailleurs pour elles un moment de ressourcement très important, un moment dont l'intensité leur permet de refaire le plein. De plus, lorsqu'on les questionne sur des sujets qui les intéressent, elles donnent des explications avec une générosité extraordinaire. Les personnes à dominance Tournesol aiment aussi approfondir les sujets qui les passionnent ou les tâches qui les intéressent, ce qui fait généralement d'elles des personnes « perfectionnistes ». Ces passions peuvent s'exprimer sous plusieurs formes. Elles peuvent être artistiques : musique, peinture, chant, bricolage divers, etc. et/ou scientifiques : recherche, expertise poussée, etc.

- **possèdent un bon esprit de recherche.** Les personnes à dominance Tournesol sont habituellement très curieuses. Elles aiment acquérir de nouvelles connaissances, explorer et découvrir de nouvelles avenues.

Type de leadership exercé par les personnes de type Tournesol : leadership d'EXPERTISE et de CRÉATIVITÉ

Croyances par rapport au respect, au bonheur et au travail

Si vous questionnez les personnes à dominance Tournesol au sujet de leurs valeurs, voici ce qu'elles vous répondront :

Par rapport au bonheur
Être heureux, c'est...
- être libre de faire ce que l'on veut, comme on le veut et quand on le veut.

Par rapport au respect
Le respect, c'est...
- laisser l'autre libre de ses moyens, honorer ses idées, son savoir et son environnement.

Par rapport au travail
Être heureux au travail, c'est...
- pouvoir apprendre de nouvelles choses, innover;
- voir son expertise reconnue, son espace et sa façon de faire respectés.

Principales sources de stress

Les plus grandes sources de stress des personnes à dominance Tournesol sont de...

- se sentir brimées dans leur liberté, que ce soit dans leur espace de travail, l'utilisation de leurs effets personnels ou encore leurs idées;

- ne pas avoir accès à des données d'information à jour ou à des outils qui sont à la fine pointe;

- ne pas avoir suffisamment de temps pour développer leur expertise et ainsi risquer d'avoir l'air « zouave » devant leurs interlocuteurs;

- perdre la face dans leur rôle d'expert.

Gestuelle caractéristique

L'ampoule, à l'image de la forme de sa tête, symbolise bien l'archétype « Tournesol ». Les personnes à dominance Tournesol « s'allument » lorsqu'elles sont « branchées » à leur source d'intérêt.

L'index et le pouce formant un cercle démontrent un souci de précision.

Les mains tournoyant autour de sa tête, lieu de cogitation de toutes ses idées.

Mots et expressions favoris

Il est possible de reconnaître la présence d'un personnage dominant chez une personne par certains mots ou expressions qu'elle utilise. Ceux-ci seront en lien avec sa logique de base et plus particulièrement avec ses grands besoins de réalisation. Voici donc une liste non-exhaustive des mots et expressions qu'utilisent les personnes à dominance Tournesol.

TOURNESOL : SES GRANDS BESOINS DE RÉALISATION	
Aller au bout de ses PASSIONS (« tripper »)	Vivre un profond sentiment de LIBERTÉ (être libre)
Mots couramment utilisés :	**Mots couramment utilisés :**
– S'intéresser, intérêt – Curieux, curiosité – Se passionner, passion, passionné – « Tripper » – Faire autrement – Découvrir, découverte – Perfectionnisme – Plaisir, se faire plaisir – Savourer, se délecter – Expérimenter, expérience – Créer, créativité – Innover, innovation – Inventer, inventions	– Se libérer, liberté, libre – Faire autrement – Prendre son temps – MON dossier, MES affaires, MES clients, MON espace – Décrocher – Décoller
Expressions courantes :	**Expressions courantes :**
« Ça m'allume, ça me branche… » « Dans mon livre à moi… » « Tout ce qui mérite d'être fait, mérite d'être bien fait. » « Une nouvelle connaissance chaque jour… » « Je vais aller au bout de mon idée. » « J'ai besoin de pousser cela plus loin. » « Je me sens allumé/éteint… »	« M'oxygéner les neurones, les idées… » « Avoir besoin d'air, d'oxygène… » « Faire ce que je veux, ce qui me tente. » « Voler de ses propres ailes… » « Se faire voler du temps… » « Voyager dans sa tête. » « Laissez-moi faire. » « C'est à moi. »

Marques de reconnaissance les plus appréciés

Les marques de reconnaissance les plus significatives pour les personnes à dominance Tournesol, c'est-à-dire celles qui ont un **sens** pour elles et qui leur donnent le sentiment de se sentir grandes, c'est lorsqu'on...

- reconnaît l'originalité de leurs idées;
- reconnaît leur expertise, qu'on apprend d'elles;
- s'intéresse sincèrement et que l'on apprend d'elles;
- reconnaît leur curiosité, leur passion, leur précision.

Note : S'intéresser à leurs passions est certes la marque de reconnaissance la plus significative pour elles. Accordez-leur du temps de qualité et elles vous donneront accès avec générosité à leur savoir et à leur laboratoire.

Malgré son intention positive, notre Tournesol intérieur peut nous jouer de mauvais tours. Voici comment :

Par sa facilité à se couper de ce qui l'intéresse moins. Il peut nous amener à la procrastination, à l'isolement et à la distraction.

Par sa capacité à être à l'écoute de ses besoins personnels. Nous pouvons vivre de grandes confrontations intérieures lorsque des préoccupations collectives viennent à l'encontre de nos préoccupations personnelles. Par exemple, lorsque notre supérieur nous demande de faire du temps supplémentaire et que cela nous oblige à manquer un cours de yoga qui nous tient à cœur. L'envie de refuser ou, du moins, de négocier sera très forte. Parfois, la situation s'y prête et d'autre fois moins... À nous d'en juger.

Par son écoute sélective. Cette forme de surdité volontaire peut parfois nous faire passer à côté de l'information ou encore rater des occasions importantes, sans oublier la frustration que cela fera naître dans notre entourage. Par exemple, il peut arriver qu'un collègue nous demande notre collaboration, que nous acceptions puis de nous rendre compte plus tard que nous avons oublié l'objet de sa demande, trop occupé que nous étions à rêvasser à nos projets. Nous nous souvenons bien nous être engagé, mais à quoi?... Assez embarrassant! Car notre collègue aura, et à raison, des attentes claires à notre égard.

Par sa façon bien à lui de développer ses façons de faire. Cette situation peut nous amener à imposer directement ou indirectement nos méthodes de travail aux autres ou encore à ne pas nous laisser influencer par leur opinion pour n'en faire qu'à notre tête. Tout ce qu'il faut pour faire monter le niveau de frustration d'un cran chez nos collègues!

Par son côté parfois perfectionniste. Nous apprécions aller au fond des choses. Que voulez-vous, passion oblige! Mais cette attitude peut parfois nous amener à être très exigeant du côté « qualitatif », aussi bien pour nous-même que pour ceux et celles avec qui nous travaillons. Il est parfois nécessaire d'apprendre à doser nos efforts.

Stratégies de protection et principales prises de conscience

Il est relativement facile de couper notre relation à l'autre, que ce soit parce qu'un de ses comportements nous a outragé, déçu ou choqué. Nous avons parfois à faire des efforts pour ne pas tomber dans le piège de fermer la porte à l'autre. La tentation est d'autant plus grande lorsque nous sentons que nos besoins fondamentaux de réalisation sont menacés.

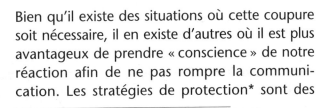

Bien qu'il existe des situations où cette coupure soit nécessaire, il en existe d'autres où il est plus avantageux de prendre « conscience » de notre réaction afin de ne pas rompre la communication. Les stratégies de protection* sont des

* Une des questions clés qui peuvent être posées lorsque nous sentons qu'une personne se protège est : *J'ai observé tel changement de comportement chez toi depuis quelque temps. Que se passe-t-il?* Accueillez sincèrement la personne dans ce qu'elle vous dira. Elle vous livrera sans doute quelque chose de très important pour elle, selon sa logique et non la vôtre.

réactions à un déclencheur extérieur qui, selon **notre** perception, vient mettre en péril notre identité. Le but noble (intention positive) de ces réactions est de nous protéger de ces « agressions ». Il est toujours très surprenant d'observer la multitude de stratégies de protection que nous utilisons, et cela de façon plus ou moins consciente. Ce qui est surtout important de réaliser, c'est que lorsque nous nous protégeons, nous ne sommes plus en lien avec l'autre et parfois avec nous-même. En devenir conscient nous permet de désactiver ces automatismes et de préserver notre lien à l'autre et à soi. Il est essentiel d'aborder toutes les stratégies de protection avec doigté et compassion.

Voici les principales stratégies de protection que les personnes à dominance Tournesol peuvent utiliser pour se protéger lorsqu'elles sentent que l'exercice de leur rôle et/ou ce qu'elles ont planifié est menacé.

- **Épater** par leurs **connaissances**.

- Ne plus **partager leur expertise**.

- **Oublier et/ou écoute sélective**.

- **Se mettre en colère** si on remet en question leur savoir, leur expertise.

- **Devenir indifférent** à l'autre et/ou aux événements.

- **S'isoler dans leur bulle**.

Voici les principales prises de conscience que les personnes à dominance Tournesol ont avantage à faire si elles veulent demeurer en relation avec elle-même et avec les autres.

« Ma liberté s'arrête là où la liberté de l'autre commence. » Comme nous l'avons vu, les personnes à dominance Tournesol sont généralement axées sur leur plaisir et leur liberté. Plus elles sont matures, plus elles sont conscientes de l'impact de leurs besoins sur les autres et plus elles apprennent à négocier leurs marges de liberté tout en respectant celles des autres.

Étude de cas : Paul, qui est un grand Tournesol, travaille en collaboration avec Luce sur un nouveau mandat. Ils se répartissent les tâches. Paul choisit les tâches qui l'intéressent le plus et laisse les autres à sa collègue. Luce est offusquée car elle se sent utilisée et non respectée. Après une discussion franche, Paul prend conscience de son attitude et se montre ouvert à une nouvelle répartition des tâches.

« Il n'est pas toujours possible de faire ce que je veux, comme je le veux et quand je le veux. »

Étude de cas : Léo (dominance Tournesol) est conseiller en déontologie. Un jour, on lui demande un avis sur un cas assez complexe. Cet avis doit être remis dans les 24 heures. Léo aimerait pouvoir pousser plus loin sa recherche et vérifier d'autres cas similaires, mais le temps lui manque. Un grand sentiment d'insatisfaction et de colère l'habite; il a l'impression de remettre un travail de piètre qualité. Recevoir ce genre de demande lui donne le goût de s'isoler et, pire encore, de changer d'emploi.

Pour prendre soin de son côté Tournesol

Vous trouverez à la page suivante un exercice utile pour toutes les personnes à dominance Tournesol. Tentez de quantifier votre degré d'intérêt pour les tâches à accomplir dans le cadre de votre travail afin d'assurer votre efficacité et de bonnes relations avec vos collègues.

Quelles sont les tâches à réaliser?	Quel est mon degré d'intérêt pour ces tâches?	Quel est le degré de priorité de cette tâche pour l'organisation?
	(Échelle de 1 à 10)*	(Cote A à C ou N/S)**
	10	
	10	
	10	
	10	
	10	
	10	
	10	
	10	

* 1 = Peu intéressant	10 = Des plus stimulants pour moi	
**A = Prioritaire et essentielle	B = Importante mais non essentielle	
C = Peu importante	N/S = Ne s'applique pas	

Note : Si votre cote d'intérêt est inférieure à 6/10 et que le degré de priorité de cette tâche est de A, demandez-vous si vous disposez des moyens suffisants pour rendre cette tâche plus intéressante pour vous. Attention! Vous avez peut-être une propension à la procrastination. Faites preuve de franchise. Parlez ouvertement de votre manque d'intérêt à vos pairs ou à votre supérieur et recherchez ensemble des solutions. Il est important de trouver une façon de stimuler votre intérêt. Sinon, cette situation pourrait avoir un impact important sur vos collègues et même sur votre organisation, risquant ainsi de vous attirer les foudres de votre entourage.

Si votre cote d'intérêt est inférieure à 6/10 et que le degré de priorité de cette tâche est C, soyez clair avec l'autre personne afin qu'elle dose les attentes qu'elle pourrait avoir envers vous, car il est fort à parier que vous ne réalisiez pas cette tâche. En étant tous les deux sensibles à cet état, vous pourrez trouver ensemble d'autres avenues.

Si votre cote d'intérêt est de 10/10 et que le degré de priorité de cette tâche est C, vous aurez peut-être une petite envie de commencer par celle-là. Faites-vous plaisir, mais restez conscient que cela peut parfois nuire à votre efficacité. Vous pouvez commencer par les tâches qui vous intéressent le moins et terminer par celles qui vous font envie. Cette stratégie de « retardement du plaisir » vous fera d'autant plus apprécier ces tâches que vous aimez tant faire et vous aidera à ne pas tomber dans le piège de la procrastination (remettre à plus tard).

Ce que Tournesol m'a appris dans ma vie

Je suis une naturelle. Je sens ce côté de moi vivre au plus profond de mes entrailles. C'est mon havre de plaisir et de ressourcement. Grâce à lui, j'apprends à savourer les plaisirs que m'offre la vie, j'apprends à vivre juste pour le plaisir… Avec lui, je décroche de tout, je savoure, je hume, je sens, je goûte et je me régale. Grâce à lui, je fais le plein et j'apprends à devenir sourde, aveugle et muette au monde extérieur pour n'écouter que la vie qui s'exprime à l'intérieur de moi. Il me fait aimer ma différence, mon unicité, mon originalité. Sans lui, je n'aurais pu créer cette méthodologie avec autant d'allégresse. Son savoir et sa rigueur intellectuelle ont été pour moi de précieux guides, de fins experts.

GRANDES CARACTÉRISTIQUES DES PERSONNAGES

Personnage	Ses plus grands besoins de réalisation*	En quoi est-il précieux dans notre vie? Il nous permet de...
TINTIN	– Contribuer à faire évoluer quelqu'un ou quelque chose. – Rester intègre par rapport à ses valeurs.	– rester en contact avec nos idéaux. – rester intègre et cohérent par rapport à nos valeurs. – rechercher des alliances. – exprimer clairement nos désaccords. – s'engager dans les projets auxquels nous croyons. – conserver une ouverture d'esprit. – rester en mode « solution ».
MILOU	– Bien jouer son ou ses rôles. – Réaliser ce qui a été planifié.	– prendre le temps d'analyser. – avoir une pensée stratégique. – baser ses réflexions sur des faits. – explorer différents scénarios. – faire des nuances. – rester objectif et prendre du recul. – conserver un certain sens du devoir.
HADDOCK	– Donner son maximum (son 110 %). – Dire ce qu'il a à dire sans retenue.	– s'affirmer de façon spontanée et authentique. – être énergique, dynamique. – être dans le moment présent. – réagir avec assurance dans des situations d'urgence. – passer à l'action. – détecter des situations à risque. – nous dépasser, risquer.
DUPONDT	– Être aimable (aimer et avoir été aimé en retour). – Créer de l'harmonie autour de lui.	– faire preuve d'empathie. – faciliter notre capacité d'adaptation. – rechercher des modes de collaboration. – chercher des stratégies « gagnant-gagnant ». – rechercher le consensus. – créer des climats harmonieux.
TOURNESOL	– Aller au bout de ses passions « tripper ». – Avoir le sentiment d'être libre.	– prendre soin de nos passions. – prendre conscience de nos besoins personnels. – découvrir de nouvelles connaissances. – nous couper des agressions extérieures. – nous ressourcer pour le simple plaisir de le faire.

* Toujours se rappeler que l'évaluation est faite par rapport à une situation donnée et doit être comprise dans un contexte dynamique de l'être humain.

Comment reconnaît-on les personnes à dominance... au travail?	Type de leadership exercé
– Cherchent à vivre en cohérence avec leurs valeurs. – Posent souvent la question « pourquoi? ». – S'engagent et cherchent à contribuer à des projets auxquels elles croient. – Apprécient être entourées d'alliés. – Recherchent des solutions constructives aux problèmes vécus. – Apprécient garder une vue d'ensemble du projet.	Leadership de sens
– Possèdent un bon esprit d'analyse. – Recherchent la structure. – Sont équitables et justes. – Agissent avec tact et diplomatie. – Sont objectives. – Sont pragmatiques. – Sont de nature prudente.	Leadership stratégique
– Sont franches et colorées. – Apprécient les défis de taille. – Sont fidèles envers les personnes qu'elles estiment. – Sont concrètes. – Sont des personnes spontanées. – Sont franches. – Sont sensibles. – Possèdent un bon sens de l'humour. – Sont exigeantes envers elles-mêmes et envers les autres.	Leadership d'action
– Sont souriantes et accueillantes. – Sont d'excellents collaborateurs. – Possèdent une grande capacité d'adaptation aux situations. – Sont sensibles aux autres. – N'aiment pas les conflits. – Respectent les règles établies. – Respectent les personnes en situation d'autorité. – Sont capables de créer des liens solides. – Sont d'excellent conciliateurs. – Aiment avoir du plaisir.	Leadership relationnel
– Sont autonomes et ont besoin de liberté. – Sont méthodiques. – Ont souvent une écoute sélective. – N'aiment pas que l'on touche à leurs choses (environnement sacré). – Sont des personnes passionnées. – Possèdent un bon esprit de recherche.	Leadership d'expertise et de créativité

CROYANCES PAR RAPPORT AU RESPECT, AU BONHEUR ET AU TRAVAIL

Personnage	Le respect, c'est...	Être heureux, c'est...	Être heureux au travail, c'est...
TINTIN	– respecter l'autre dans ses valeurs.	– vivre en cohérence avec ses valeurs. – réaliser son idéal de vie.	– pouvoir vivre en cohérence avec ses valeurs et son idéal.
MILOU	– respecter l'opinion de l'autre, lui demander son avis lorsqu'il est concerné et surtout lui donner du temps pour réfléchir.	– réaliser son plan de vie comme cela avait été planifié. – avoir une vie organisée où tout coule de source.	– être dans un milieu organisé et structuré où l'on connait le rôle que l'on a à jouer et qu'il soit possible de bien le jouer. – soutenir les gens dans la réalisation de leurs projets grâce à ses conseils.
HADDOCK	– respecter sa parole et ses engagements. – être franc, même si cela peut déranger l'autre.	– vivre intensément, bouger, se dépasser.	– réaliser des choses concrètes au quotidien. – relever des défis difficiles et/ou être interpellé dans l'action. – se défoncer pour les personnes que l'on estime. – être spontané.
DUPONDT	– faire attention à l'autre et le respecter dans ce qu'il est.	– vivre en harmonie avec les personnes qui nous entourent. – se sentir aimé et apprécié tel que l'on est.	– travailler en collaboration avec ses collègues de façon harmonieuse. – aider l'autre et contribuer à son bonheur (mieux-être).
TOURNESOL	– laisser l'autre libre de ses moyens, honorer ses idées, son savoir et son environnement.	– être libre de faire ce que l'on veut, comme on le veut et quand on le veut.	– apprendre de nouvelles choses, innover. – voir son expertise reconnue, son espace et sa façon de faire respectés.

Comment peut-il parfois nous jouer de mauvais tours?	Il aime que l'on reconnaisse... (marques de reconnaissance les plus significatives)
– Par son besoin de congruence personnelle et par son besoin de croire en ce qu'il fait s'il est dans une situation où ses valeurs sont heurtées (difficulté à rester mobilisé).	– sa contribution dans l'équipe ou dans le projet auquel il croit. – son intégrité. – son engagement. – ses idéaux.
– Par sa trop grande prudence. – Par son besoin de structure et d'organisation. – Par son côté réservé et peu démonstratif.	– ses conseils, son sens de l'analyse, son jugement. – sa loyauté, son soutien, sa rigueur, son sens du devoir. *Note : Les personnes à forte dominance « Milou » apprécient les compliments qui sont précis et « analysables ». Leur demander conseil est certes la marque de reconnaissance la plus significative pour elles.*
– Par son haut niveau d'exigence. – Par l'intensité de ses réactions émotives. – Par son impatience légendaire. – Par sa fermeture aux personnes qu'elle n'estime pas.	– sa performance, son efficacité. – lorsque l'on a besoin de lui dans l'action. *Note : Les personnes à forte dominance « Haddock » n'apprécient pas se faire encenser. Cela peut même engendrer un sentiment de méfiance chez elles. La modération a bien meilleur goût. Soyez bref. N'oubliez pas que le niveau d'exigence de « Haddock » envers lui-même et les autres est très élevé.*
– Par sa difficulté à prendre position ou à exprimer clairement son opinion. – Par sa difficulté à mettre ses limites ou à dire « non ». – Par sa tendance naturelle à s'entourer de personnes qui lui témoignent de la sympathie. – Par sa facilité à se laisser influencer. – Par sa difficulté à prendre du recul lorsqu'il vit une tension relationnelle.	*Note : Les personnes à forte dominance « Dupondt » sont sensibles aux marques d'attention. Elles leur donnent le sentiment de se sentir en relation avec l'autre. La sincérité de la marque d'attention est par contre nécessaire, sinon son impact sera sans effet.*
– Par sa facilité à se couper de ce qui l'intéresse moins. – Par sa propension à satisfaire d'abord ses besoins personnels. – Par son écoute sélective. – Par sa façon bien à lui de développer ses façons de faire. – Par son côté parfois perfectionniste.	– l'originalité de son expertise, de ses idées. – la qualité de son expertise, ses connaissances. – sa précision, sa curiosité, sa passion. *Note : S'intéresser à leurs passions est certes la marque de reconnaissance la plus significative pour les personnes à forte dominance Tournesol.*

PRINCIPALES SOURCES DE STRESS

Personnage	Ce qui le stresse le plus
TINTIN	– Ne plus croire à ce qu'il fait (prison mentale). – Être forcé de poser des actions contraires à ses valeurs. – S'oublier. Ce stress n'est habituellement pas vécu par la personne à dominance Tintin mais plutôt par les personnes de son entourage (collègues, conjoint, enfants, amis). Elles peuvent trouver difficile de la côtoyer en raison de sa non-disponibilité et de son engagement à différentes causes. Cette situation amènera parfois la personne à dominance Tintin à se sentir déchirée entre son travail, sa famille et ses amis (guerre de valeurs internes). – Tout ce qui mettrait en péril un projet auquel il croit. – L'incohérence des personnes et des situations. – Côtoyer une personne qui cherche à détruire le projet auquel il croit et être incapable de l'en empêcher.
MILOU	– Les changements non planifiés. – Les situations très émotives. – Le manque de temps pour réfléchir. – L'ambiguïté des rôles, des structures, des objectifs. – Le manque d'information.
HADDOCK	– L'échec. – Les personnes qui ont un rythme plus lent que le sien. – Les personnes qui manquent d'initiative. – De ne pas pouvoir tenir ses engagements à cause de différents impondérables. – L'inertie. – L'incompétence. – Que son action soit dépendante de quelqu'un d'autre, les empêchant ainsi de passer à l'action. – Qu'on les ignore. – Perdre la face devant les autres. – Les « non-dits ».
DUPONDT	– Les situations de tension, de conflits. – Déplaire, faire de la peine. – Dire non, mettre ses limites. – Prendre des décisions qui risquent de créer des tensions. – Perdre des relations. – Indifférence à son égard.
TOURNESOL	– Se sentir brimé dans sa liberté (espace, impression de manquer d'oxygène). – Que l'on utilise ses effets personnels, ses idées, sans son accord. – Ne pas avoir de renseignements adéquats ou d'outils qui sont à la fine pointe. – Ne pas avoir suffisamment de temps pour développer son expertise et ainsi risquer d'avoir l'air « zouave » devant son interlocuteur. – Perdre la face en tant « qu'expert ».

DE L'ÉTAT PUR À LA NUANCE

Richesse et complémentarité des différents personnages

Comme nous l'avons vu précédemment, nous sommes tous habités par les cinq personnages que sont Tintin, Milou, Haddock, Dupondt et Tournesol, et ce, à différents degrés. Chacun d'eux est unique : il défend ses valeurs, exprime ses besoins, déploie ses talents, dévoile ses forces et ses limites. Ensemble, ils s'expriment à l'image de nos dialogues intérieurs, ils se parlent, ils négocient. À certains moments ils s'allient alors qu'à d'autres ils se confrontent. Peu importe tous ces dialogues qui nous habitent, l'important est de rester en position «Hergé personnel» afin de demeurer « observateur » de ce qui se passe en nous et autour de nous. Les différents exercices qui vous seront proposés dans la suite de ce livre auront pour but de vous soutenir dans cette « observation » de vous même.

L'exercice qui suit vous permettra de déterminer vos affinités naturelles avec chacun de ces beaux personnages et vous donnera des clés d'observation.

Les affinités

Y a-t-il des personnages avec lesquels vous avez plus d'affinités?

Indiquez lesquels en cochant les cercles correspondants et décrivez brièvement ce que vous appréciez chez chacun de ces personnages.

Personnage	Cochez	Ce que vous appréciez de lui
TINTIN	◯	
MILOU	◯	
HADDOCK	◯	
DUPONDT	◯	
TOURNESOL	◯	

Y a-t-il des personnages avec lesquels vous avez moins d'affinités?

Indiquez lesquels en cochant les cercles correspondants et décrivez brièvement ce que vous n'appréciez pas chez chacun de ces personnages.

Personnage	Cochez	Ce que vous appréciez moins de lui
TINTIN	◯	
MILOU	◯	
HADDOCK	◯	
DUPONDT	◯	
TOURNESOL	◯	

Les choix que vous venez de faire parlent bien sûr d'abord de vous. Ils peuvent vous donner certaines pistes de réflexion sur le degré d'ouverture à certains aspects de vous-même. Par exemple, si vous avez des affinités avec le côté organisé de Milou et le côté spontané d'Haddock, il est fort à parier que vous possédez déjà ces qualités ou que vous aspirez à les intégrer dans votre vie. Si, par contre, le besoin de liberté de Tournesol vous agace, il se peut que vous ressentiez de la résistance à accueillir et/ou à composer avec votre propre besoin de liberté.

Les cinq personnages représentent en fait des parties de vous qui aspirent à être reconnues, à être acceptées dans leur unicité et à avoir le droit de l'exprimer. Nier ou banaliser une de ces parties peut amorcer une réaction de compétition entre les parties et nous faire vivre des inconforts intérieurs importants (ex. : si vous êtes une personne Haddock ascendant Dupondt – voir définition de la dominance et ascendance plus loin). Si vous n'avez pas reconnu la richesse de ces deux personnages, il se peut que vous viviez une « compétition » intérieure de leurs besoins mutuels, soit de dire les choses spontanément (côté Haddock) et de créer de l'harmonie (côté Dupondt). La compétition intérieure de ces deux besoins fait vivre habituellement des réactions de culpabilité et d'autoflagellation tandis que la « coopération » de ces deux personnages donne une extraordinaire habileté de communication axée sur l'authenticité et la sensibilité à l'autre. Il est donc important de valoriser chacune de ces parties afin qu'**ensemble** elles puissent contribuer positivement à votre aventure personnelle.

Dominance et ascendance

Le personnage le plus présent à l'intérieur de vous dans une situation donnée est appelé « **dominant** ». Le ou les autres personnages qui viennent aux autres rangs sont dits « **ascendants** ».

Alors que la **dominance** exprime la motivation profonde d'un besoin de réalisation, l'**ascendance** permet de reconnaître les conditions favorables à l'actualisation de cette motivation. Par exemple, une personne ayant un profil à **dominance** Tintin et à **ascendance** Milou sera motivée par le désir de contribuer à faire évoluer une personne ou un projet tout en étant intègre par rapport à ses valeurs personnelles (côté Tintin), et cela dans des conditions particulières, soit en jouant bien son rôle et en réalisant ce qui était planifié (côté Milou).

De l'unicité à la complémentarité

Les personnages interagissent donc les uns avec les autres. Certaines alliances sont plus naturelles que d'autres, telles que Tintin et Milou ou Tintin et Capitaine Haddock. D'autres alliances demandent plus de compréhension et d'ouverture aux compromis pour être vécues harmonieusement; parmi celles-ci, des associations telles qu'Haddock et Dupondt ou encore Haddock et Tournesol.

Plus nous acceptons la présence de ces personnages à l'intérieur de nous, plus nous reconnaissons que ces parties de nous-même ont le droit d'exister et surtout de s'exprimer, plus nous vivons un sentiment d'harmonie intérieure et plus nous acceptons la beauté et la richesse des personnes qui nous entourent.

Chose certaine, peu importe qu'il s'agisse de Tintin, Milou, Haddock, Dupondt ou encore du professeur Tournesol, ils ont tous avantage à se découvrir et à s'accepter les uns les autres pour réussir à collaborer à notre aventure. Tout ce qu'il reste à faire par la suite, c'est de faire jouer nos personnages intérieurs pour façonner notre vie au travail tel que nous le souhaitons. En devenant ainsi le metteur en scène de notre existence (position « Hergé personnel »), nous sommes de moins en moins victime de nous-même, victime de nos réactions, de nos réflexes, de nos craintes et de nos paradigmes. Nous pouvons avoir le choix de faire autrement, de choisir de nouveaux scénarios plus agréables à vivre.

Les alliances de personnages peuvent être classées en trois catégories : la relation de complicité, la relation de complémentarité et la relation à risque de turbulences :

Type de relation	Définition
Relation de complicité	Relation où chacun se comprend et s'accepte naturellement.
Relation de complémentarité	Relation de respect où chacun, par sa différence, apporte quelque chose à l'autre.
Relation à risque de turbulences	Relation qui peut générer des tensions, que ce soit par un manque d'affinités ou par incompréhension. Un effort mutuel est alors nécessaire pour que la rencontre soit possible.

Les combinaisons : dominance-ascendance

Voyons maintenant les types de relations vécues entre les personnages à l'intérieur de nous selon les différentes combinaisons possibles de dominances et d'ascendances. Chaque combinaison dominance-ascendance est analysée ci-après et la force de chacune des combinaisons est soulignée. Vous pourrez ainsi mieux connaître la richesse de chacune de ces combinaisons et voir l'influence positive qu'a le personnage « ascendant » sur le personnage « dominant ».

Dans la section *Le coffre à outils* (voir p. 153), une série d'exercices vous est proposée pour aider à découvrir vos dominances et vos ascendances dans différentes facettes de votre vie au travail (ex. : ce qui vous motive pour passer à l'action, qu'est-ce qu'un « bon patron » pour vous, etc.).

Bien que ce livre soit complet en lui-même, la possibilité vous est offerte d'accéder à un outil complémentaire destiné aux personnes qui désirent aller plus loin dans la connaissance d'elles-mêmes. Par les 90 énoncés contenus dans ce test, il vous est possible de dégager un profil général de vos talents et vos conditions de mieux-être dans différentes situations de vie.

Dominance Tintin

Tintin ascendant Milou

**Type de relation :
de complémentarité**

Les personnes à dominance Tintin ne font pas nécessairement preuve d'une grande rigueur dans les suivis. Souvent, le seul fait de constater que les choses évoluent leur suffit. La présence de Milou à leur côté leur permet une coordination beaucoup plus efficiente de leurs activités. L'ascendance Milou permet donc aux personnes à dominance Tintin d'avoir une pensée stratégique et pragmatique. Le côté Milou leur permet de prendre des temps de recul et d'analyse afin de prévoir les étapes et le processus nécessaire à la réalisation de leurs projets.

> *La force de cette combinaison*
> *Réaliser les projets (causes, idéaux) de façon stratégique*
> *et structurée.*

Tintin ascendant Haddock

**Type de relation :
de complémentarité**

Les personnes à dominance Tintin sont habituellement peu préoccupées par les détails du quotidien. Le côté Haddock leur permet de rester à la fois collées à la réalité quotidienne et préoccupées par celle-ci. L'ascendance Haddock permet donc au côté Tintin de concrétiser ses idéaux, d'affirmer ses valeurs et, au-delà du discours, de passer à l'action.

La combinaison Tintin-Haddock se veut un mélange de deux profils assez intenses. Au-delà de leur extraordinaire fougue, la prudence et la modération sont parfois nécessaires. Ils ont tout avantage à s'entourer de leurs complices Milou et Dupondt.

La force de cette combinaison
Concrétiser les idéaux rapidement.

Tintin ascendant Dupondt

**Type de relation :
de complémentarité**

Contrairement à la croyance populaire, les personnes à dominance Tintin ne sont pas d'emblée des personnes chaleureuses et relationnelles. En effet, les combinaisons Tintin ascendant Milou, Tintin ascendant Haddock, Tintin ascendant Tournesol amènent une contribution fantastique dans un projet, mais elles laissent peu de place à l'aspect relationnel. C'est pourquoi il est primordial pour les personnes à dominance Tintin de se laisser inspirer par le côté Dupondt. L'ascendance Dupondt permet au Tintin de rester à la fois proche de ses émotions et des personnes qui l'aident à construire sa cathédrale (projet auquel il croit). Celles qui possèdent cette combinaison à l'intérieur d'elles-mêmes sont habituellement de grands humanistes.

La force de cette combinaison
Mobiliser des personnes vers un projet commun
en tenant compte de la dimension humaine.

Tintin ascendant Tournesol

Types de relation :
de complémentarité
et à risque de turbulences

Le côté Tintin peut parfois se sentir déchiré entre son besoin de contribuer à une cause en laquelle il croit, et par son désir de s'occuper de ses propres besoins (spécifique au côté Tournesol). Par exemple, comment croyez-vous qu'une infirmière Tintin ascendant Tournesol qui travaille aux soins intensifs va réagir si, à cause d'une pénurie de main-d'œuvre, son supérieur lui demande de travailler durant 12 jours consécutifs? Son côté Tournesol l'amènera probablement à refuser la demande et à proposer une alternative qui saura respecter aussi bien le besoin de l'organisation que ses propres besoins. Le côté Tournesol lui rappellera donc l'importance de s'occuper de ses besoins et de ses passions afin de prévenir l'épuisement professionnel et de mettre à contribution sa créativité dans la recherche de solutions.

La force de cette combinaison
Contribuer à faire évoluer un projet auquel on croit
de façon créative et rigoureuse, tout en prenant soin
de ses besoins personnels.

Conclusion

Les personnes à dominance Tintin apprécient être entourées d'alliés engagés. Comme elles savent qu'il existe plus d'une forme d'engagement, elles acceptent facilement la complémentarité. De plus, elles laissent leurs alliés travailler à leur façon, car pour elles ce n'est pas la façon de faire qui compte, mais plutôt la finalité. Si elles devaient se retrouver entourées de personnes qui travaillent contre le projet auquel elles croient, ou encore qui font preuve de négativisme à outrance, elles chercheraient à les évincer, ou du moins à les neutraliser.

Dominance Milou

Milou ascendant Tintin

Type de relation :
de complémentarité

Le côté Milou est loyal à son rôle et à son organisation. Une fois qu'il comprend bien le rôle qu'on lui demande de jouer, il le remet rarement en question. Au-delà de l'aspect pragmatique d'un rôle, le côté Tintin amène une réflexion de sens à Milou; en plus de se préoccuper du « comment », il comprend le « pourquoi » de l'action. L'ascendance Tintin permet au côté Milou de mettre sa réflexion et sa capacité de structure et d'analyse au service d'un projet commun à plus long terme.

> *La force de cette combinaison*
> *Jouer un rôle qui contribue à faire évoluer une personne*
> *ou un projet auquel on croit.*

Milou ascendant Haddock

**Type de relation :
de complémentarité**

Le côté Milou, par son besoin de prévoyance de temps pour assimiler l'information, peut se sentir inconfortable dans des situations imprévues. L'ascendance Haddock permet donc au côté Milou de prendre davantage de risques, d'oser et de diminuer son temps de réflexion et d'analyse pour passer plus rapidement à l'action. Le côté Haddock peut l'amener à se faire davantage confiance dans sa capacité à réagir avec spontanéité dans le moment présent. Il permet également au côté Milou de s'exprimer avec plus d'enthousiasme et d'énergie. Certaines personnes ont besoin de ressentir cet enthousiasme pour être stimulées.

> *La force de cette combinaison*
> *Jouer son rôle efficacement, dans l'action et de façon stratégique et spontanée.*

Milou ascendant Dupondt

**Type de relation :
de complémentarité**

Selon ses croyances, le côté Milou juge qu'il n'est pas toujours approprié de démontrer ou de parler de ses sentiments. Cela peut être compréhensible, voire souhaitable, dans certaines situations et nuisible dans d'autres. L'ascendance Dupondt permet donc au côté Milou de développer une communication qui laisse plus de place à l'aspect émotif.

> *La force de cette combinaison*
> *Bien jouer son rôle tout en tenant compte de l'aspect humain des situations et en étant sensible au monde émotif.*

Milou ascendant Tournesol

**Type de relation :
de complémentarité**

Le côté Milou est davantage de type « conventionnel », il se réfère aux repères qu'il connaît. L'ascendance Tournesol permet au côté Milou de développer sa créativité, sa capacité de sortir des cadres connus pour explorer de nouvelles avenues.

La force de cette combinaison
Jouer son rôle de façon créative.

Conclusion

Les personnes à dominance Milou sont habituellement des personnes très agréables à côtoyer. Elles retirent une grande satisfaction à amener leur soutien à une organisation. Elles cherchent davantage à bien jouer leurs rôles qu'à plaire aux personnes. Leur capacité de réflexion et d'objectivité leur permet de dépersonnaliser les situations de tension. Lorsqu'elles vivent un conflit avec une autre personne, elles y entrent rarement tête baissée. Elles vont plutôt analyser la situation pour tenter de comprendre les impacts que cela peut avoir pour l'organisation et chercher à s'ajuster en fonction du rôle qu'on leur a demandé de jouer. Si certains trouvent les personnes à dominance Milou parfois trop discrètes ou encore trop prudentes, c'est tout simplement qu'ils n'ont pas su découvrir leur immense richesse. Lorsqu'elles semblent ralentir l'action par une réflexion et une analyse plus poussée, c'est pour mieux nous permettre de réussir. Comment se passer de ces talents?

Dominance Haddock

Haddock ascendant Tintin

**Type de relation :
de complémentarité**

Le côté Haddock étant très axé sur l'aspect immédiat et concret des choses, il n'a pas toujours le réflexe de chercher à comprendre le **sens** et sourtout les impacts de ses actions à plus long terme. Le côté Tintin amène cette sensibilité au côté Haddock et lui permet de mettre son sens de l'urgence et son besoin d'action au service d'un projet commun. De plus, Tintin à une tendance naturelle à lui laisser une bonne marge de manœuvre, ce qui plaît énormément à Haddock. Le côté Tintin se laisse également très peu intimider par l'intensité du côté Haddock, ce qui, paradoxalement, sécurise énormément ce dernier et lui permet de conserver le cap, l'orientation et le sens de son action.

> *La force de cette combinaison*
> *Efficacité et action orientées pour faire évoluer*
> *une personne ou un projet.*

Haddock ascendant Milou

**Type de relation :
de complémentarité**

Le côté Haddock est de nature plutôt spontanée et intense. L'ascendance Milou lui permet donc de prendre un peu du recul et de recadrer les situations de façon plus objective. Il lui permet également de prendre le temps de réfléchir avant de passer à l'action, ce qui lui offre une alternative fort intéressante en période de stress et/ou d'urgence. De plus, le côté Milou lui permet de développer son tact, sa diplomatie et il lui permet aussi d'évaluer si l'urgence ressentie est réelle ou non.

> *La force de cette combinaison*
> *Se dépasser dans l'action de façon stratégique et structurée.*

Haddock ascendant Dupondt

**Types de relation :
de complémentarité et
à risque de turbulences**

L'ascendance Dupondt permet au côté Haddock d'être plus sensible à l'impact que peut avoir son intensité sur le climat de travail, ainsi que sur les relations qu'il entretient avec les autres. Il lui permet également de comprendre qu'il pourra être plus efficace s'il fait attention aux personnes et à l'aspect relationnel des choses.

> *La force de cette combinaison*
> *L'efficacité dans l'harmonie relationnelle.*

Haddock ascendance Tournesol

**Types de relation :
de complémentarité et
à risque de turbulences**

L'ascendance Tournesol permet au côté Haddock de développer sa créativité et de transcender l'aspect très concret des choses pour aller explorer des espaces où l'imaginaire est interpellé. Ces deux parties peuvent très bien cohabiter à l'intérieur d'une même personne. Ce mariage donne un profil assez fort car elles savent toutes deux ce qu'elles veulent et ne se laissent pas beaucoup influencer par l'autre. Ce sera d'ailleurs le point sur lequel elles auront avantage à exercer leur vigilance.

La force de cette combinaison
Passer à l'action avec efficacité, expertise et créativité.

Conclusion

Les personnes à dominance Haddock sont des personnes habituellement très attachantes. Elles sont intenses, authentiques, énergiques et elles établissent d'excellentes relations avec les personnes qu'elles estiment, ce qui est beaucoup plus difficile à faire avec les personnes qu'elles estiment moins. Pour elles, établir ou ré-établir une relation qui a été coupée représente un effort quasi surhumain. Dans une équipe, elles sont souvent comparées à des volcans. Elles expriment avec force les tensions et résistances vécues au sein du groupe. Cette caractéristique peut parfois sembler utile pour ceux et celles qui n'ont pas cette facilité d'expression, mais il faut rester conscient du poids que leurs collègues à dominance Haddock doivent porter en nommant ainsi les choses. Il ne faut jamais sous-estimer leur sensibilité. Ce n'est pas parce qu'elles expriment leurs idées avec fougue qu'elles n'ont pas besoin d'être soutenues et validées dans leur démarche. À nous de prendre la relève et d'apprendre à devenir plus authentique dans nos communications. Le monde s'en trouvera sûrement amélioré.

Dominance Dupondt

Dupondt ascendant Tintin

**Type de relation :
de complémentarité**

Le côté Dupondt étant très axé sur la qualité harmonieuse des relations humaines, il peut parfois avoir de la difficulté à questionner ou à mettre ses limites. Le côté Tintin permet aux personnes à dominance Dupondt de se positionner davantage par rapport à des valeurs qu'elles jugent importantes plutôt qu'à leur besoin d'être aimées et de vivre en harmonie avec les autres. De plus, les conflits relationnels sont souvent, selon les croyances de Tintin, une opportunité d'évolution personnelle. C'est pourquoi il ne les craint pas.

La force de cette combinaison
Mettre l'harmonie et les relations interpersonnelles
au service de l'évolution d'un projet commun tout en
respectant son intégrité personnelle.

Dupondt ascendant Milou

Type de relation :
de complémentarité

L'ascendance Milou permet au côté Dupondt de recadrer les situations de façon plus objective et moins émotive, ce qui lui offre un appui fort intéressant en période de conflit ou de positionnement. Le côté Milou lui permet également de traiter les situations sous l'angle des faits, des observations et des contextes, plutôt que sous un angle personnel. Il l'aide à dédramatiser les situations.

> *La force de cette combinaison*
> *Conserver des relations harmonieuses et*
> *cela, dans l'exercice de son rôle.*

Dupondt ascendant Haddock

Type de relation :
de complémentarité

L'ascendance Haddock permet au côté Dupondt de s'affirmer davantage, de dire plus spontanément ce qu'il pense vraiment, tout en donnant moins d'importance à la réaction de l'autre. En effet, le côté Haddock l'amène à comprendre qu'il peut être aimé même s'il nomme clairement ses limites et ses besoins. Cet exercice d'affirmation restera toujours un défi pour les personnes à dominance Dupondt car cela semble à première vue aller à l'encontre de leur quête d'harmonie et d'amour.

> *La force de cette combinaison*
> *Collaboration chaleureuse, enthousiaste et authentique.*

Dupondt ascendant Tournesol

**Types de relation :
de complémentarité et
à risque de turbulences**

L'ascendance Tournesol permet au côté Dupondt d'être moins influencé par le regard et/ou l'opinion des autres. Il lui permet également d'être plus à l'écoute de ses propres besoins et d'en prendre soin. Le côté Dupondt pourra parfois se sentir déchiré entre son besoin d'être en relation avec les autres et son besoin de solitude (spécifique à Tournesol)... un certain ajustement est parfois nécessaire pour harmoniser ces deux besoins afin de trouver un sentiment de sérénité intérieure.

> *La force de cette combinaison*
> *Être en relation avec les autres et avec soi,*
> *tout en respectant ses propres besoins.*

Conclusion

Au fond d'elles-mêmes, les personnes à dominance Dupondt souhaitent vivre en harmonie avec tout le monde. Il leur arrive donc souvent d'être déchirées lorsqu'elles sont confrontées à des situations conflictuelles. Il sera sans doute toujours difficile pour elles de composer avec des tensions relationnelles, mais l'expérience et la maturité aidant, elles apprendront à trouver des stratégies pour s'y adapter et accepter qu'au-delà de cet idéal très noble d'harmonie, il existera toujours des situations de conflits. Elles comprendront également que le fait de chercher à les éviter n'est pas toujours la solution idéale. Au contraire, apprendre à composer avec ce genre de situation peut devenir une expérience très enrichissante leur permettant de devenir de précieux conseillers relationnels.

Ce côté Dupondt a tout avantage à reprendre sa juste place au sein des organisations. Nous avons tendance à juger, à anesthésier et à dénigrer cette partie de nous au profit de la performance comme si les deux ne pouvaient s'allier. La course à la performance nous fait souvent perdre de vue notre nature première, soit celle d'être des êtres de relations.

Nous avons donc tout avantage à nous laisser inspirer par notre côté Dupondt afin de rester des êtres sensibles et à l'écoute des autres. Cela pourra sans doute nous éviter nombre de crises humaines trop souvent inutiles.

Dominance Tournesol

Tournesol ascendant Tintin

**Type de relation :
de complémentarité**

Le côté Tournesol étant très axé sur ses centres d'intérêt, il peut parfois oublier de se « connecter » à une réalité plus collective, au-delà de sa propre réalité. L'ascendance Tintin permet au côté Tournesol de mettre sa créativité et son expertise au service d'un projet commun.

> *La force de cette combinaison*
> *Créativité et expertise au service de l'évolution et/ou*
> *de la construction d'une cathédrale (projet commun).*

Tournesol ascendant Milou

**Type de relation :
de complémentarité**

Permet au côté Tournesol de mettre à profit son savoir à l'intérieur d'un rôle dans une organisation. Lui permet d'évaluer les impacts et d'analyser les aspects qui débordent de son champ d'intérêt personnel. Il lui permet également de prioriser ses efforts puisque lorsque la passion le prend, la notion de temps n'existe plus pour lui.

La force de cette combinaison
Créativité et savoir stratégique en lien avec l'exercice de son rôle.

Tournesol ascendant Haddock

**Type de relation :
de complémentarité**

Si parfois le côté Tournesol à tendance à décoller vers la lune, l'ascendance Haddock lui permet de rester bien branché sur la réalité concrète des choses.

La force de cette combinaison
Créativité dans l'action concrète.

Tournesol ascendant Dupondt

**Type de relation :
de complémentarité**

En raison de son côté passionné et plutôt solitaire, le côté Tournesol ne voit pas toujours l'impact qu'il peut avoir sur son environnement extérieur. L'ascendance Dupondt permet au côté Tournesol de rester sensible à l'impact qu'il a sur les autres, de rester à l'écoute des personnes de son entourage et de s'adapter plus facilement aux situations qu'il vit.

La force de cette combinaison
Créativité et sensibilité à l'humain.

Conclusion

Les personnes à dominance Tournesol s'entendent généralement bien avec la majorité des autres personnages (l'inverse n'est malheureusement pas aussi vrai). Elles entrent d'ailleurs rarement en conflit, préférant de loin retourner dans leur monde et poursuivre leur route à leur façon. Elles se laissent peu influencer par l'opinion ou la réaction des autres, ce qui peut, à certains moments, leur jouer de bien mauvais tours. Les comportements de la personne à dominance Tournesol ressemblent un peu à ceux du chat. Il va et vient à sa guise, quête un câlin lorsqu'il en sent le besoin et se retire avec autant d'aisance lorsqu'il en a assez. Il ne sert à rien d'essayer de le retenir, il s'enfuira de plus belle. Certains adoreront cette attitude, et d'autres moins. C'est là la beauté de la différence. La prochaine fois que vous croiserez un chat, observez-le bien, il y a quelque chose de magnifique à apprendre d'eux. Laissez-vous inspirer.

Alliances succeptibles de connaître le plus de turbulences

La rencontre de l'*alter ego*

Travailler avec quelqu'un qui a le même personnage dominant que nous ne coule pas nécessairement de source. Harmonie, compétition, plaisir, turbulences, efficacité peuvent être au rendez-vous.

Quand Tintin rencontre Tintin

Deux personnes à dominance Tintin partageant les mêmes valeurs fondamentales et le même idéal possèdent un potentiel de mobilisation très puissant. Rien ne peut vraiment les arrêter. Le partage des valeurs et de la vision est cependant fondamental. S'il devait en être autrement, il est fort à parier qu'il y aurait des « prises de becs » et/ou des débats de fond importants. D'ailleurs, les conflits les plus difficiles à dénouer sont les conflits de valeurs (« guerre de Tintins »).

> *La force de la rencontre de ces deux mêmes personnages*
> *Désir profond de contribuer à faire évoluer une personne ou un projet tout en étant intègres par rapport à leurs valeurs personnelles.*

Quand Milou rencontre Milou

Deux personnes à dominance Milou qui collaborent chercheront tout d'abord à éclaircir leurs rôles respectifs. S'il y a entente, les règles de fonctionnement établies entre elles couleront de source. S'il y a mésentente, elles demanderont alors à l'organisation d'éclaircir l'ambiguïté. Elles sont capables de faire preuve d'une grande flexibilité entre elles si elles se consultent, s'interpellent mutuellement dans leur réflexion et si elles se laissent influencer l'une par l'autre. Si une « guerre de rôles » s'installe, une compétition « territoriale » peut alors se vivre où chacun revendique son droit et sa légitimité; ce qui sera inconfortable pour tous les membres de l'équipe.

> *La force de la rencontre de*
> *ces deux mêmes personnages*
> *Grande préoccupation à bien jouer leurs rôles*
> *de soutien à l'organisation.*

Quand Haddock rencontre Haddock

Deux personnes à dominance Haddock ont habituellement une grande facilité à travailler ensemble. Elles se trouvent efficaces, tant dans l'action que dans la communication. Elles n'ont pas besoin de se parler longtemps pour se comprendre. Souvent, un simple clin d'œil suffit. Pour que cette complicité soit possible, un ingrédient est cependant indispensable : il faut absolument qu'elles s'estiment. Sinon, la relation peut devenir assez explosive.

> *La force de la rencontre de*
> *ces deux mêmes personnages*
> *Action et efficacité.*

Quand Dupondt rencontre Dupondt

Habituellement, les personnes à dominance Dupondt ont une propension naturelle à bien s'entendre entre elles. Si elles sentent que la relation est chaleureuse et empreinte de sincérité, tout devient possible. À défaut de quoi, la relation peut devenir assez problématique.

> *La force de la rencontre de*
> *ces deux mêmes personnages*
> *Harmonie, plaisir et collaboration.*

Quand Tournesol rencontre Tournesol

Si elles se respectent mutuellement dans leurs champs de compétences et si elles peuvent apprendre l'une de l'autre, deux personnes à dominance Tournesol peuvent vivre une relation d'une belle complicité. Sinon, elles auront une forte tendance à s'ignorer et/ou à entrer en compétition d'expertise l'une avec l'autre.

> *La force de la rencontre de*
> *ces deux mêmes personnages*
> *Créativité, expertise et approfondissement.*

La rencontre des différences

Certaines relations exigeront davantage d'ouverture et de compréhension pour se vivre de façon harmonieuse. C'est le cas des combinaisons suivantes :

Haddock-Milou

Les personnes à dominance Haddock trouvent souvent les personnes à dominance Milou trop prudentes, trop lentes à agir. Bien que leur besoin de recul et de réflexion les énerve parfois, lorsqu'elles découvrent leur richesse, les personnes à dominance Haddock savent se laisser influencer par elles.

Haddock-Tournesol

Les personnes à dominance Haddock peuvent devenir impatientes, même exaspérées par l'indépendance des personnes à dominance Tournesol. Elles savent qu'elles ne peuvent pas les influencer facilement. De plus, le côté lunatique et distrait qui caractérise souvent les personnes à dominance Tournesol n'aide en rien au rapprochement.

Dupondt-Haddock

Les personnes à dominance Dupondt se laissent souvent impressionner par le côté intense des personnes à dominance Haddock. Elles les trouvent souvent brusques et peu empathiques. Il est donc important pour les personnes à dominance Dupondt de se rappeler l'intention positive qui fait agir le côté Haddock de la sorte. Cette compréhension permettra aux personnes à dominance Dupondt de ne plus se laisser impressionner par cette fougue et surtout d'en apprécier la richesse plutôt que de la craindre.

Les personnes à dominance Haddock ont également de la difficulté à composer avec le côté sensible de Dupondt. Elles l'associent à tort à la fragilité, ou pire encore, à la faiblesse. Elles ont l'impression d'être obligées de prendre soin du côté émotif de l'autre (côté Dupondt), ce qui les irrite au plus haut point. Elles se sentent souvent maladroites à composer avec des situations qui interpellent les émotions telles que la peine et la déception. Elles sont nettement plus à l'aise avec des émotions comme la frustration et la colère.

Lorsque le contact d'estime est établi entre eux, une très belle relation de complicité et de complémentarité est possible et chacun apporte une évolution formidable à l'autre.

Dupondt-Tournesol

Les personnes à dominance Dupondt se sentent parfois ignorées et délaissées par les personnes à dominance Tournesol, perception qui aurait avantage à être recadrée pour leur propre mieux-être. Les personnes à dominance Dupondt ont avantage à diminuer leurs attentes relationnelles envers les personnes à dominance Tournesol. Elles ont tout avantage à comprendre que leurs besoins sont tout simplement différents et qu'il n'y a rien de personnel à cela.

Profils nuancés

Il existe un certain nombre de personnes qui présentent un profil dit « nuancé », c'est-à-dire un profil comportant les cinq personnages dans une même proportion. Il ne semble pas y avoir de dominance entre eux. Les personnes qui feront leur profil ReGain dans Internet et qui obtiendront des résultats variant entre 17 % et 24 % pour les cinq personnages auront ce genre de profil particulier.

Comment reconnaît-on les personnes à profil « nuancé » au travail?

Les personnes ayant un profil « nuancé » ont habituellement une extraordinaire habileté à s'adapter aux situations et aux personnes qu'elles rencontrent. Elles apprécient souvent la polyvalence dans leur travail. Elles sont des « touche-à-tout », la routine les assomme. On dit qu'elles sont « multi-intelligentes » car elles portent en elles les cinq formes d'intelligence des personnages et cela de façon constante et active. Un signe distinctif des personnes à profil « nuancé » est leur prudence à répondre catégoriquement à une question. Elles répondent souvent par « cela dépend… » et proposent des réponses qui s'adapteront selon les différents contextes possibles (ex. : « André, devrait-t-on inviter Gisèle à la rencontre de lundi? » Réponse d'André – profil « nuancé » – : « Cela dépend de l'objectif de la réunion et des attentes de Gisèle. Va-t-elle être déçue si on ne l'invite pas? Les autres collègues vont-ils se poser des questions si elle vient ou ne vient pas? », etc.).

Certains les envient car ils souhaiteraient avoir leur flexibilité et leur polyvalence mais il faut savoir qu'il n'est pas toujours facile de porter cette effervescence intérieure. Imaginez le dialogue intérieur qui se fait entendre chez les personnes à profil « nuancé » lorsqu'il est temps de prendre une décision. Les cinq personnages négocient leur droit de parole, veulent faire entendre leurs besoins, leurs désirs, leurs préoccupations et cela en **même** temps… quel tourbillon de questions, d'hésitations et de maux de tête. Les personnes à profil « nuancé » ont souvent l'impression d'ailleurs de n'être jamais satisfaite, comme s'il y avait des parties à l'intérieur d'elles qui les faisaient douter de la justesse de leurs décisions ou de leurs actions (Est-ce que j'ai dit la bonne chose? Est-ce que j'ai réagi trop vite? Je crois que j'ai blessé Julie par mon commentaire. J'ai oublié de mentionner ce point à la dernière rencontre, etc.). Les personnes qui se reconnaissent dans cette description doivent d'abord prendre conscience de la **richesse** de leur différence et honorer leur extraordinaire potentiel de ressources intérieures. Elles auraient ensuite tout avantage à demeurer en position « Hergé personnel » afin de ne pas se laisser submerger par tous ces dialogues. En demeurant dans cette position, il sera plus facile pour elles de concentrer leur énergie vers un résultat à atteindre. La présence d'une personne à profil « nuancé » est souhaitable dans toute équipe car c'est elle qui s'assure que tous les aspects d'une situation sont explorés.

Voici les principales prise de conscience que les personnes à profil « nuancé » ont avantage à faire afin si elles veulent demeurer en relation avec elles-mêmes et avec les autres.

« Composer avec les situations tel qu'elles se présentent est une extraordinaire habileté. » En effet les personnes à profil « nuancé » sont des personnes dites « situationnelles » c'est-à-dire qu'elles réagissent et interagissent en s'adaptant selon le contexte présent à ce moment. Il est d'ailleurs souvent difficile pour elles de faire des pronostics ou des prévisions dans le temps, car trop de données sont à considérer dans ce genre de réflexion. Elles préfèrent de loin vivre la situation telle qu'elle se présentera… ce qui est souvent très sage.

« Tout est parfait comme il doit être, douter de mon jugement est un stress inutile. » En raison de cette extraordinaire habileté situationnelle, il est très difficile pour les personnes à profil « nuancé » de faire une rétrospective de leurs actions ou décisions sans se juger. Pour le faire, il leur faut une rigueur exceptionnelle pour se rappeler exactement les éléments de contexte du moment, ce qui est très exigeant. Il leur faut plutôt lâcher prise et se faire confiance.

Ce que les personnes à profil « nuancé » m'ont appris dans ma vie

Étant une personne entière et passionnée, j'ai une tendance naturelle à considérer la réalité d'une façon assez campée. Les personnes à profil « nuancé » m'apprennent à faire plus de nuances, à me rappeler qu'il y a plus d'une façon de voir la réalité et à la découvrir sous ces différentes facettes. Cette façon qu'elles ont de faire émerger toutes les nuances d'une situation me rend plus sage, plus réfléchie et plus conciliante.

LE COFFRE À OUTILS

Le coffre à outils vous offre une série d'exercices, de réflexions et d'observations qui vous amèneront plus loin dans votre aventure humaine au travail. Vous pourrez ainsi découvrir :

- ce qui vous motive à passer à l'action;

- vos attentes et vos besoins dans vos relations avec une personne en autorité;

- les conditions qui favorisent vos apprentissages;

- ce que vous jugez être un *feed-back* efficace et constructif;

- les moyens de vivre le changement dans la sérénité;

- les stratégies que vous utilisez pour planifier, organiser, décider, contrôler et déléguer tâches et mandats.

Besoins et conditions pour rester mobilisé

« On ne peut forcer une personne à changer, il suffit de créer un contexte qui donnera le goût à ce dernier de changer VOLONTAIREMENT. »

Christopher Bartlett

Être mobilisé ou se sentir mobilisé est un état d'être qui vient de l'intérieur et qui fait en sorte que nous avons le goût de passer à l'action (MOTIV–ACTION). Si on ne peut pas forcer une personne à se sentir mobilisée, on peut par contre créer des environnements ou des conditions qui lui donnent le goût de l'être.

Exercice sur la motivation

Encerclez les deux énoncés qui décrivent le mieux ce qui vous motive au travail.

	Qu'est-ce qui vous motive le plus dans un travail?
A	Sentir que je peux contribuer à faire évoluer des personnes ou des projets auxquels je crois.
B	Être dans l'action, me dépasser.
C	Sentir que je suis aimé en tant que personne et que je vis des relations harmonieuses avec les personnes avec lesquelles je travaille.
D	Avoir la possibilité de bien jouer le rôle que l'on me demande de jouer dans mon organisation.
E	Lorsque je me sens libre de faire les choses qui m'intéressent et à ma façon.

Indiquez par le chiffre 1 votre première préférence dans les choix que vous avez faits et par le chiffre 2 votre deuxième.

Compilation

Reportez vos choix de réponses dans le tableau ci-dessous.

Énoncé	Tintin	Milou	Haddock	Dupondt	Tournesol
Ce qui me motive le plus dans un travail	A ❶ ❷	D ❶ ❷	B ❶ ❷	C ❶ ❷	E ❶ ❷

Synthèse

Inscrivez ci-dessous votre personnage dominant et votre ascendant selon les résultants obtenus.

Personnage dominant ❶	Personnage ascendant ❷

Trois besoins essentiels

Pour se sentir mobilisé, trois besoins essentiels doivent d'abord être satisfaits. Pour vous aider à les mémoriser, vous n'avez qu'à retenir trois petites lettres « **SUA** ».

Pour qu'une personne se sente mobilisée, elle doit au préalable se sentir…

1. «**S** écure » psychologiquement;

2. **U** tile dans la tâche qu'elle accomplit;

3. **A** ppréciée en tant que personne.

Le tableau qui suit fournit une définition plus élaborée de chacun de ces besoins ainsi que des exemples de moyens à utiliser pour les satisfaire.

MOBILISATION / MOTIVATION		
Besoin	**Définition**	**Exemple**
Se sentir « sécure » psychologiquement Besoin d'hygiène émotionnelle	Sentiment de sécurité dans sa relation avec l'autre.	– Être à l'abri des menaces physiques et morales. – Avoir le droit à l'erreur. – Être reconnu pour qui l'on est, sans avoir peur d'être rejeté ou jugé.
Se sentir utile Besoin de réalisation	Degré d'importance de sa contribution à l'atteinte des objectifs de l'organisation.	– Sentir que ses actions ont un impact. – Utiliser son potentiel. – Sentir que l'on est compétent et efficace dans son travail et que sa contribution fait une différence.
Se sentir apprécié Besoin d'estime et de contacts sociaux	Démonstration affective de la satisfaction que les gens éprouvent à son égard.	– Recevoir de l'affection. – Donner de l'affection. – Faire partie du groupe. – Se sentir adéquat. – Recevoir des marques de reconnaissance. – Se sentir estimé.

Comme chaque personne possède des indices et des repères qui lui sont propres, il peut exister une multitude de façons de satisfaire ces trois besoins. Aucun n'est mieux placé que vous pour définir les manières qui vous conviennent le mieux. C'est pourquoi il est important de les communiquer aux personnes avec lesquelles vous travaillez. Il serait par ailleurs hasardeux de vouloir jouer au devin et d'essayer d'expliquer ce que vivent vos collègues au travail et de savoir ce dont ils ont besoin pour se sentir mobilisés. Bien que votre intuition et vos observations puissent être utilisées comme des guides intéressants, il n'y a rien de plus efficace que de valider vos observations auprès des personnes concernées.

Vos besoins sont-ils satisfaits?

Voici un exercice d'évaluation qui vous permettra de savoir si vos trois besoins essentiels sont satisfaits. L'exercice pourra dégager des pistes de réflexion intéressantes pour vous aider à maintenir votre degré de motivation le plus élevé possible et pour faciliter la mise en place d'un contexte de travail qui sera mobilisant pour vous.

Besoin	Votre mesure	Vos indices	Ce qui manque
Se sentir...	Sur une échelle de 1 à 10, inscrivez le chiffre qui correspond le mieux au degré de satisfaction de ce besoin.*	Quels sont les gestes ou attitudes capables de satisfaire ce besoin?	Si ce besoin n'est pas satisfait, que vous manque-t-il? Que pouvez-vous faire pour remédier à cette situation dans votre milieu de travail?
« Sécure » psychologiquement 10			
Utile 10			
Apprécié 10			

* Évaluation sur une échelle de 10, le chiffre 1 représentant la cote la plus faible.

Lorsque ces trois besoins sont satisfaits (minimum de 7 à 8 sur 10), il y a de bonnes chances que vous ayez suffisamment d'énergie pour être proactif, innover, prendre des risques, etc. Si ce nombre est inférieur à 7, demeurez vigilant pour ne pas être en perte d'énergie.

Le tableau synthèse qui suit contient de l'information complémentaire sur ce dont chaque personnage a besoin pour se sentir mobilisé. Peut-être vous reconnaîtrez-vous...

CE DONT LA PERSONNE À DOMINANCE...
A BESOIN POUR SE SENTIR MOBILISÉE

PERSONNAGE	BESOINS		
	Elle se sent... **« sécure »** **psychologiquement** **quand...**	**Elle se sent...** **utile au travail** **quand...**	**Elle se sent...** **appréciée comme** **personne** **quand...**
TINTIN	– on respecte ses valeurs, ses idéaux et sa personne. – on l'implique dans des projets auxquels elle croit.	– elle apporte une contribution significative et « évolutive » au projet ou aux membres de son équipe.	– on reconnaît sa contribution, ses valeurs, ses convictions, son intégrité, sa cohérence, etc.
MILOU	– on l'informe. – on l'implique dans les changements. – on respecte son opinion. – on lui demande conseil.	– on lui demande conseil. – elle joue un rôle de soutien significatif pour son entreprise.	– on reconnaît son bon jugement, son soutien, sa capacité d'observation, etc. – on reconnaît qu'elle joue bien le rôle qu'on lui confie.
HADDOCK	– on l'interpelle dans l'action. – on lui fait confiance en lui donnant des défis qui lui permettent de se dépasser.	– on lui démontre que l'action qu'elle a accompli a eu un impact positif : « C'est grâce à ton efficacité si... ». – on l'interpelle dans l'action.	– on l'interpelle de nouveau dans l'action. – on exprime de l'enthousiasme à son égard de façon sincère.
DUPONDT	– on est attentionné envers elle. – on lui offre collaboration et soutien. – on lui témoigne des marques de reconnaissance et de respect sincères.	– on lui témoigne des marques de reconnaissance sincères par rapport à sa collaboration, son soutien, son écoute, sa sensibilité, sa capacité d'adaptation, etc.	– on lui témoigne des marques de reconnaissance sincères. – on l'écoute. – on s'intéresse à elle, à ce qu'elle vit. – on lui fait à l'occasion des confidences sincères.
TOURNESOL	– on reconnaît son expertise. – on respecte son besoin de liberté.	– on lui demande conseil dans son champ d'expertise. – on met à profit ses découvertes et son savoir.	– on s'intéresse sincèrement à ce qu'elle fait. – on cite son nom lorsqu'une référence à son travail est faite. – on l'invite comme conférencière ou comme participante lors des présentations, colloques, etc. dans son domaine d'expertise. – on lui fournit les meilleurs instruments de travail.

Relations avec les personnes en autorité

Le patron idéal existe-t-il?

Qui n'a jamais rêvé d'avoir un patron compréhensif, disponible, ouvert, à l'écoute des besoins de ses employés, organisé, d'humeur égale, qui sait prendre l'action en main, qui est authentique, créatif, qui sait reconnaître la contribution de chacun des membres de son équipe avec sincérité et générosité, qui sait prendre du recul lorsque nécessaire, qui exprime ses attentes clairement, et qui, pourquoi pas, sait faire preuve d'enthousiasme et de chaleur humaine. Vous le connaissez? Écrivez-nous!!!

Blague à part, bien qu'il soit tout à fait légitime d'avoir des attentes par rapport à son patron, la première question à se poser est la suivante : ces attentes sont-elles réalistes? Selon vos croyances et vos expériences antérieures, vous vous êtes fait, au fil des ans, votre propre image de ce que devrait être un « bon » patron. Consciemment ou inconsciemment, vous souhaitez le retrouver dans votre milieu de travail.

Pour moi, un « bon » patron, c'est quelqu'un qui...

Selon vous, quelles sont les caractéristiques qui définissent le mieux un « bon » patron? Cochez les **cinq** énoncés du tableau de la page suivante qui correspondent le plus à vos croyances, ceux qui sont les plus importants pour vous.

	Pour moi, un « bon » patron c'est quelqu'un qui...	Cochez
A	s'intéresse à ce que je fais et prend plaisir à apprendre de moi.	○
B	m'invite à me dépasser, à donner mon 110 %.	○
C	reconnaît mon expertise, mon savoir-faire, et sait me mettre en valeur.	○
D	me consulte et m'informe des situations qui ont un impact sur mon travail.	○
E	m'accueille chaleureusement (me salue, me sourit, etc.).	○
F	explique le pourquoi de ses décisions et sait donner du sens aux actions.	○
G	est organisé, structuré.	○
H	me permet de me perfectionner et de garder mes connaissances à jour.	○
I	respecte mes valeurs et mes idéaux.	○
J	se préoccupe de ce que je vis, de mes besoins, de ma réalité, etc.	○
K	est disponible pour moi lorsque j'en ai besoin.	○
L	est franc et direct.	○
M	est intègre et cohérent.	○
N	me donne régulièrement des marques de reconnaissance.	○
O	est équitable : il connaît les normes, les structures et les règles de fonctionnement de l'organisation et il sait les respecter.	○

Vos choix de réponses				
F	D	B	E	A
I	G	K	J	C
M	O	L	N	H
Tintin	**Milou**	**Haddock**	**Dupondt**	**Tournesol**

Selon les résultats obtenus, quel est votre personnage dominant?

Quel est ou quels sont vos personnages ascendants?

Êtes-vous surpris? Si oui, pourquoi?

Vous pouvez maintenant vous amuser à comparer les réponses que vous avez obtenues avec le profil de votre patron actuel. Y a-t-il un écart? Non? Réjouissez-vous! Par contre, si vous répondez par l'affirmative à cette question, nous vous invitons en tout premier lieu à vérifier si vos attentes sont réalistes. Ensuite, et si cela est possible, parlez-en avec lui ou elle. Cela pourrait être un exercice fort instructif pour vous deux!

Voici maintenant un tableau synthèse contenant de l'information complémentaire sur l'idée que se fait chacun des personnages d'un « bon » patron, ainsi que les attentes relationnelles que chacun d'eux entretient par rapport à ce dernier.

RELATION AVEC LES PERSONNES EN AUTORITÉ

Personnage	Description d'un « BON patron »	Attentes relationnelles (qualitatives)
TINTIN 	C'est quelqu'un qui : – est intègre et cohérent; – explique le « pourquoi » des décisions qu'il prend et sait donner du **sens** aux actions, – mesure les impacts à moyen et long terme des décisions et des orientations qu'il prend; – garde le **cap** : il sait mobiliser et rallier les membres de son équipe vers des buts communs; – cherche à faire évoluer les personnes ou les causes; – a le courage de ses opinions; – respecte les personnes dans leurs valeurs; – intervient rapidement lorsque des personnes ou situations risquent de nuire à son projet; – reconnaît la contribution de chaque membre de l'équipe; – laisse les personnes réaliser leur mandat à leur façon : il laisse de la latitude et sait faire confiance.	**Ses attentes en termes de fréquence et de continuité : peu élevées** La personne à forte dominance Tintin a besoin d'entretenir des relations avec des gens qui partagent les mêmes valeurs et visions qu'elle. L'aspect affectif de ces relations passe au second rang. Elle a besoin d'exprimer librement son engagement dans les orientations de l'organisation. Elle apprécie que son supérieur immédiat ait une écoute empathique et sincère, qu'il soit intègre et cohérent. Si ce n'est pas le cas, elle aura de la difficulté à se rallier et pourrait contester l'autorité. Une discussion franche et transparente sera sans doute recherchée. Pour elle, la figure en autorité est une personne comme les autres qui contribue à réaliser un projet commun avec elle. Elle ne se laisse habituellement pas impressionner par les statuts hiérarchiques.
MILOU 	C'est quelqu'un qui : – est organisé, structuré; – possède une pensée stratégique : il réfléchit aux impacts de ses décisions avant de les prendre; – est équitable : il connaît et sait respecter les normes, les rôles, etc.; – est objectif : il sait, au besoin, prendre du recul et recadrer les situations dans leur juste contexte; – sait prendre des risques calculés.	**Ses attentes en termes de fréquence et de continuité : peu élevées** La personne à forte dominance Milou n'a pas vraiment besoin d'être en relation affective avec son supérieur. Elle est davantage loyale au rôle à jouer qu'à la personne en autorité. Elle a besoin que son supérieur soit clair dans ses attentes vis-à-vis d'elle, et qu'il la tienne informée des changements pouvant avoir des impacts sur ses tâches. Elle apprécie que cette personne prenne conseil auprès d'elle et l'implique dans sa réflexion.

Personnage	Description d'un « BON patron »	Attentes relationnelles (qualitatives)
HADDOCK	**C'est quelqu'un qui :** – sait où il va et qui est clair dans ses demandes; – prend des décisions; – est franc; – est volontaire dans l'action et audacieux lorsqu'il le faut; il n'a pas froid aux yeux; – sait protéger les membres de son équipe; – cherche à se dépasser; – reconnaît sa performance.	**Ses attentes en termes de fréquence et de continuité : assez élevées** La personne à dominance Haddock n'a pas besoin de vivre une relation continue avec son supérieur. Elle a cependant besoin que cette relation soit **intense**. Lorsqu'elle est en sa présence, elle aime sentir que ce dernier l'estime. L'enthousiasme démontré à son égard est à la fois valorisant et nourrissant. Elle apprécie également être réclamée dans l'action. Elle est sensible aux contacts et aux rencontres spontanées « ad hoc », aux rencontres empreintes de franchise et d'intensité.
DUPONDT	**C'est quelqu'un qui :** – est clair dans ses demandes; – sait traiter tous ceux qui l'entourent avec respect et doigté; – prend le temps d'écouter attentivement l'autre; – sait exprimer sa satisfaction; – donne des *feed-back* réguliers et respectueux; – se préoccupe de ce que vivent les membres de son équipe : leurs besoins, leur réalité, etc.; – intervient rapidement lorsqu'il y a un conflit.	**Ses attentes en termes de fréquence et de continuité : assez élevées** La personne à dominance Dupondt a besoin de vivre des contacts réguliers, et idéalement en personne. Elle a besoin de sentir que la personne en autorité l'aime bien ou du moins l'apprécie. Un contact chaleureux la satisfait énormément. Dans des situations de tension, elle souhaite que son supérieur partage ses inconforts avec sincérité, sans toutefois lui faire sentir que la relation est en péril.
TOURNESOL 	**C'est quelqu'un qui :** – laisse de la latitude : lui permet d'expérimenter, d'organiser son agenda et son travail comme il « l'entend »; – s'intéresse à ce qu'il fait, prend plaisir à apprendre de lui; – reconnaît son expertise et son savoir-faire et sait le mettre en valeur au bon moment; – respecte son expertise.	**Ses attentes en termes de fréquence et de continuité : peu élevées.** La personne à dominance Tournesol préfère habituellement travailler seule. Elle n'éprouve donc pas le besoin d'être en relation avec son supérieur. En réunion, elle préfère les échanges où son expertise et son savoir-faire (créativité, débrouillardise, recherche, etc.) sont mis à contribution. Même si elle dit n'avoir besoin que de peu de supervision, elle est tout de même heureuse quand son supérieur la visite de temps à autre, par simple intérêt. Elle doit d'ailleurs faire un effort pour sortir de son laboratoire afin de tenir ce dernier informé de ses travaux, ce qui n'est pas naturel pour lui.

Étude de cas : Bernard et Luc

Profil de Bernard : Milou ascendant Dupondt, c'est-à-dire que sa motivation première est de bien jouer son rôle et de réaliser ce qui était planifié (dominance Milou). Il souhaite y arriver en créant de l'harmonie auour de lui et en demeurant en relation (ascendance Dupondt).

Profil de Luc : Haddock ascendant Tournesol, c'est-à-dire que ses motivations sont de donner son 110 % et de dire sans retenue ce qu'il a à dire (ascendance Haddock). Il souhaite rester libre et « tripper » (ascendance Tournesol).

Bernard est opérateur dans une usine de textiles où il travaille depuis plus de six ans. Pour des raisons de restructuration, il vient d'être muté dans une autre équipe. Bernard sent que son nouveau gestionnaire, Luc, ne lui voue pas une grande estime. Il le trouve expéditif, froid et distant. Pour lui, un « bon patron » aurait dû prendre le temps de l'accueillir, de lui expliquer clairement son rôle et de clarifier les attentes qu'il avait à son égard. Ce qui ne fut pas le cas. Dès la première journée, et sans aucune explication, Luc a jumelé Bernard avec un collègue en les laissant seuls à leur propre sort.

Lors de la première rencontre d'évaluation, Bernard et Luc ont enfin eu l'occasion de partager leurs attentes respectives. Bernard a surtout eu la chance d'exprimer sa déception concernant ce qu'il a vécu lors de son entrée en poste. Luc fut très surpris par son commentaire. Pour lui, le fait de le jumeler avec un pair était une façon de lui signifier sa confiance et d'honorer son expérience dans l'entreprise. Luc a bien sûr réagi avec la plus grande congruence du monde par rapport à ses propres valeurs (Haddock/Tournesol), ce qui ne correspondait pas du tout au croyances de Bernard (Milou/Dupondt). Dans sa tête, il ne faisait aucun doute que Bernard connaissait les rouages du métier et que de vouloir trop l'encadrer aurait pu être démobilisant. Les deux hommes ont bien compris la source de leur mésentente et ensemble ils se sont entendus sur l'importance d'échanger sur une base plus régulière.

Modes et conditions d'apprentissage

Des conditions optimales

Chaque individu apprend à sa façon et a besoin de conditions particulières pour lui permettre d'optimiser sa capacité de retenir, de transférer l'information et de développer des habiletés qui lui sont propres. Quelles sont ces conditions pour vous?

Prenez le temps de lire les énoncés du tableau suivant. Cochez ceux qui décrivent le mieux votre façon d'apprendre. À la fin de chaque section, additionnez le nombre d'énoncés que vous avez cochés et reportez ce chiffre sur /5.

		Cochez	Énoncés
MODE D'APPRENTISSAGE	**A**		J'ai besoin d'apprendre des choses concrètes que je peux appliquer rapidement dans mon quotidien.
			Je peux me décourager ou manquer de patience si je ne réussis pas rapidement.
			Je déteste faire des erreurs, j'ai l'impression de perdre la face.
			Je peux manquer de concentration quand l'apprentissage est théorique.
			J'ai besoin d'estimer la personne qui m'accompagne dans mon apprentissage.
		5	

		Cochez	Énoncés
MODE D'APPRENTISSAGE	**B**		Malgré ma grande curiosité, ma concentration est directement reliée au degré d'intérêt que je porte au sujet d'apprentissage.
			J'apprécie maîtriser un sujet avant de donner un avis professionnel.
			J'aime apprendre de personnes dont l'expertise est reconnue, sinon je préfère développer ma propre expertise.
			J'aime bien personnaliser mes nouveaux apprentissages et les transformer à ma façon.
			J'aime apprendre une chose à la fois et prendre le temps de l'approfondir.
		5	
	C		J'ai besoin de prendre du temps pour assimiler de l'information nouvelle.
			J'ai besoin de documents écrits. J'aime réécrire certains passages pour m'aider à les retenir. Je fonctionne souvent avec un aide-mémoire.
			J'aime que l'apprentissage soit inséré dans un cadre logique et que la formation soit bien structurée.
			J'aime établir un plan de développement de mes compétences afin d'en assumer un suivi adéquat.
			J'étudie de façon structurée : je me prépare adéquatement afin d'optimiser les enseignements que je reçois.
		5	
	D		J'ai besoin de comprendre la finalité (le pourquoi) de l'apprentissage que j'ai à faire pour ensuite investir les efforts nécessaires.
			J'ai besoin que la personne qui m'accompagne soit cohérente, sinon j'ai une tendance naturelle à décrocher.
			Je questionne facilement lorsque je ne comprends pas quelque chose.
			J'aime les apprentissages qui ont un impact sur mon évolution personnelle et qui me permettent de faire des prises de conscience.
			Je suis stimulé par l'idée que mon apprentissage puisse apporter une « plus-value » à mon organisation.
		5	

	Cochez	Énoncés
MODE D'APPRENTISSAGE E		J'apprends facilement lorsque je vis une bonne relation avec la personne qui m'accompagne dans mon apprentissage.
		J'apprends mieux dans le plaisir et l'harmonie.
		J'aime suivre des formations quand je peux être avec des collègues que j'apprécie.
		Je me sens stimulé et encouragé par les marques de reconnaissance venant des personnes qui m'accompagnent dans mon apprentissage.
		J'apprends facilement par imitation. La personne qui m'accompagne devient rapidement pour moi un modèle à imiter
	5	

Compilation

Reportez les résultats obtenus dans le tableau qui suit.

Mode d'apprentissage	A	B	C	D	E
Nombre d'énoncés choisis	5	5	5	5	5
Personnages correspondants	Haddock	Tournesol	Milou	Tintin	Dupondt

Synthèse

Inscrivez ci-dessous votre personnage dominant selon les résultats obtenus ainsi que votre ou vos ascendants.

Énoncés	Personnage dominant Choix où le nombre d'énoncés est le plus élevé. Exemple : 4/5 ou 5/5	Personnage(s) ascendant(s) Choix qui viennent au second rang. Exemple : 2/5 à 3/5.
Votre mode et vos conditions d'appren-tissage sont de type :		

Étude de cas : Lucie

Profil de Lucie : Milou ascendant Tournesol

Lucie revient d'un congé sabbatique. Elle travaillait avant son départ au service des soins intensifs, domaine dans lequel elle connaissait tous les rouages. On lui propose de travailler dorénavant au service de maternité. Bien que cette offre l'intéresse, Lucie se sent un peu déstabilisée par ce changement. Elle est consciente qu'elle ne possède pas toutes les connaissances nécessaires pour jouer correctement son nouveau rôle (besoin relié à son côté Milou), ce qui fait en sorte qu'elle ne se sent pas compétente pour faire ce travail (besoin relié à son côté Tournesol).

Malgré son hésitation, Lucie accepte avec plaisir cette affectation. Par souci de bien faire son travail, elle demande à sa coordonnatrice de lui permettre d'observer une collègue qu'elle sait expérimentée avant d'intervenir directement auprès de la clientèle. La coordonnatrice accepte, et ensemble, elles élaborent un plan de développement de compétences en matière de natalité et de périnatalité qui tient compte aussi bien des besoins de Lucie, que de ceux de son organisation.

Feed-back d'amélioration

Développer l'art du *feed-back* efficace et constructif

Recevoir et/ou donner un *feed-back* d'amélioration (critique) qui soit efficace et constructif est souvent considéré comme un art qui demande du doigté, de l'ouverture, de la sincérité ainsi qu'une bonne dose d'humilité. Se connaître soi-même et connaître la personne à qui nous devons donner du *feed-back* ou qui nous en donne permet de mettre en place des conditions favorables à un bon échange.

Recevoir et donner un *feed-back* efficace et constructif

Prenez connaissance des énoncés des deux tableaux qui suivent.

Encerclez les **deux** énoncés qui décrivent le mieux ce qui vous met en condition de **recevoir** un *feed-back* d'amélioration.

	Façons dont j'apprécie RECEVOIR un *feed-back* efficace et constructif
A	J'apprécie qu'on me pose des questions sur mon travail et qu'on me laisse trouver mes propres pistes de solutions. Je déteste que l'on critique mon travail. Je me mets alors sur la défensive et je demande des preuves à l'appui.
B	J'apprécie que les choses me soient expliquées calmement et sentir que l'autre me comprend. Me bousculer augmente mon niveau de stress et, par le fait même, le risque d'erreur. J'accepte que l'on soit ferme avec moi, mais non distant.
C	J'apprécie que la critique se fasse rapidement après l'action, directement et en privé. Utiliser l'humour est certes une formule gagnante avec moi.
D	J'apprécie que l'on m'explique l'impact de mon « erreur » et que l'on recherche rapidement des solutions. La critique me permet d'apprendre, d'évoluer, de faire un pas de plus.
E	J'apprécie que la remarque que l'on me fait soit basée sur des faits, de façon rationnelle, non émotive. J'ai ensuite besoin de prendre un temps de recul pour analyser le tout. Si j'ai des commentaires à faire, je les ferai en temps et lieu.

Indiquez par le chiffre 1 votre première préférence dans les choix que vous avez faits et par le chiffre 2 votre deuxième. Reportez vos choix de réponses à la page 174.

Encerclez les lettres correspondantes aux deux énoncés qui décrivent le mieux la manière que vous utilisez pour **donner** un *feed-back* d'amélioration qui soit efficace et surtout constructif pour l'autre.

	Manières dont vous DONNEZ un *feed-back* efficace et constructif
A	Je le fais au moment que je juge opportun. Je fais surtout des critiques lorsque la situation me touche ou touche mes champs d'intérêt. Pour ce qui est du reste, je laisse plutôt couler les choses.
B	Je n'aime pas attendre pour dire ce que j'ai à dire. Il peut arriver que je n'utilise pas toujours les bons mots au bon moment pour le faire, mais une chose est certaine, l'autre personne saura clairement ce que je pense de la situation.
C	Je prends le temps de me préparer avant de donner un *feed-back* à quelqu'un. Je m'assure surtout que ma critique ne mette pas notre relation en péril. Je vais tenter d'utiliser les bons mots au bon moment.
D	Je prends le temps de vérifier les faits et d'analyser la situation avant d'intervenir. Je rencontre ensuite la personne avec toute l'information en mains. Je suis rarement émotif lors de ce genre de rencontre.
E	Pour moi, ce n'est pas l'erreur qui compte, mais les prises de conscience et les solutions qui ressortent lors de la rencontre de *feed-back*. Je prends le temps d'échanger avec la personne et je recherche avec elle des pistes de solution constructives.

Indiquez par le chiffre 1 votre première préférence dans les choix que vous avez faits et par le chiffre 2 votre deuxième. Reportez vos choix de réponses à la page 174.

Compilation

Reportez les résultats obtenus aux deux exercices précédents dans le tableau qui suit.

Énoncés	Tintin	Milou	Haddock	Dupondt	Tournesol
Les façons dont j'apprécie recevoir un *feed-back*	D ❶ ❷	E ❶ ❷	C ❶ ❷	B ❶ ❷	A ❶ ❷
Manières que j'utilise pour donner un *feed-back* efficace et constructif	E ❶ ❷	D ❶ ❷	B ❶ ❷	C ❶ ❷	A ❶ ❷

Synthèse

Inscrivez ci-dessous votre personnage dominant et votre personnage ascendant selon les résultats obtenus.

L'art du *feed-back*	Personnage dominant ❶	Personnage ascendant ❷
Recevoir un *feed-back* de façon constructive		
Donner un *feed-back* de façon constructive		

Le tableau synthèse qui suit contient de l'information complémentaire sur la perception de chacun des personnages quant à un *feedback* efficace et constructif.

Personnage	Conditions pour DONNER un *feed-back* d'amélioration efficace et constructif à une personne à dominance...
TINTIN	– L'informer qu'il y a quelque chose qui vous préoccupe, que vous voulez échanger avec elle et fixer ensemble un temps de rencontre. – Lui demander son avis sur la situation, l'écouter et être attentif à ce qu'elle vous dit. – Ne pas utiliser de jugement de valeurs, rechercher l'intention positive derrière le geste (valeurs, volonté de faire évoluer quelqu'un ou quelque chose). – Lui demander ou lui proposer des solutions axées sur les buts à atteindre. *Note : La personne à dominance Tintin déteste les critiques stériles et non-constructives.*
MILOU	– Prendre rendez-vous avec elle, ne pas la prendre par surprise. – Lui mentionner les objectifs de la rencontre pour qu'elle ait le temps de se préparer (bilan). – Se baser sur des faits (se préparer avant la rencontre). – Être calme et posé. – S'assurer de bien recadrer le *feed-back* dans son juste contexte. *Note : La personne à forte dominance « Milou » peut avoir une certaine difficulté à recevoir des feed-back qui interpellent son émotivité.*
HADDOCK	– Adopter une attitude assurée. Si vous êtes en colère, vous pouvez lui signifier ouvertement. Elle appréciera votre franchise. – Faire le *feed-back* le plus rapidement possible après l'action. – Être bref et direct. – Faire la rencontre en privé et garder l'entretien confidentiel. – Utiliser l'humour. – Ne pas revenir sur l'incident, car elle sait pertinemment qu'elle a fait une « erreur ». *Note : La personne à dominance Haddock déteste les discours moralisateurs. L'humour et la franchise sont de loin les comportements à adopter avec elle.*

Personnage	Conditions pour DONNER un *feed-back* d'amélioration efficace et constructif à une personne à dominance...
DUPONDT	– L'informer que vous souhaitez échanger avec elle en lui faisant part du sujet qui vous préoccupe. Si vous la sentez inquiète, rassurez-la en lui disant que cela ne remet pas votre relation en cause. – Selon sa perception de la qualité de votre lien relationnel, cette rencontre peut générer chez elle de l'anxiété. Il faut donc la rencontrer le plus tôt possible. – L'accueillir avec sincérité. – Lui demander son avis sur la situation. – Ne pas la bousculer (élever la voix ou montrer des gestes d'impatience). – Rester ferme sans être distant. – Si vous vivez des sentiments de colère ou de frustration, nous vous invitons à parler ouvertement de ces émotions. Elle saura vous accueillir avec sensibilité. Ex. : « Le commentaire que tu as émis sur la qualité de mon travail m'a surpris et choqué. », «... j'aimerais reparler de la situation avec toi afin... » *Note : Avant d'amorcer un* feed-back *avec une personne à dominance Dupondt, il est conseillé de créer un climat qui soit propice à l'échange et aux confidences.*
TOURNESOL	– S'assurer qu'elle a de l'intérêt pour cette rencontre et trouver un temps qui lui convienne dans un délai « raisonnable » pour vous. Lui laisser choisir le moment et le lieu. Si elle semble indifférente à cette demande, lui proposer un endroit où vous ne serez pas dérangé. – Lui poser des questions pour comprendre son raisonnement (il y a de fortes chances qu'elle découvre elle-même la faille). L'amener à explorer la situation sous un autre angle. Elle appréciera trouver la source du problème par elle-même. – S'intéresser sincèrement à ses propos et lui laisser le temps nécessaire pour s'exprimer. – Lui laisser trouver les solutions et le choix des moyens pour corriger la situation (défi d'expert). *Note : La personne à dominance Tournesol a une écoute sélective. Il y a de fortes chances qu'elle ne retienne que ce qui l'intéresse de la rencontre. Si vous voulez vous assurer que le message est compris, demandez-lui de reformuler ce qu'elle a retenu. Rappelez-vous, Tournesol ne fait pas « d'erreurs » mais plutôt des* **expériences**. *Son intention est tout simplement de découvrir et de pousser plus loin son savoir.*

L'importance de se préparer avant une rencontre de *feed-back*

La volonté de maintenir la relation

Avant d'amorcer une rencontre de *feed-back* avec une personne, il est important de s'assurer de vouloir développer ou maintenir la relation avec cette personne par la suite. Si, sur une échelle de 1 à 10, vous évaluez à 7 votre désir de maintenir cette relation, vous saurez fort probablement établir un dialogue constructif. Par contre, si votre mesure est de 6 ou moins, vous n'êtes peut-être pas la bonne personne pour donner le *feed-back*, ou encore peut-être devriez-vous remettre la rencontre à plus tard.

N'oubliez pas que le but de la rencontre de *feed-back* n'est pas uniquement de transmettre un message à une personne, mais surtout qu'elle le comprenne bien, que vos deux mondes se rencontrent afin que cet échange puisse faire évoluer la relation et/ou la situation. Vos côtés Tintin et Milou seraient de bons alliés pour ce genre de rencontre. D'autres personnages pourront être interpellés selon les caractéristiques de votre interlocuteur et l'objectif recherché lors de la rencontre.

Déterminer clairement l'objectif de la rencontre

Il est important de bien déterminer votre objectif ou encore votre intention avant la rencontre, car cela aura un impact sur les stratégies que vous privilégierez par la suite. Il est aussi important de toujours focaliser sur des objectifs qui ont un impact sur l'équipe et /ou sur la réalisation de votre projet. Toutes les demandes qui n'auraient pas ce type d'impact pourraient être interprétées comme irrespectueuses et intrusives par la personne qui les reçoit.

Prenons l'exemple suivant : Yves (Tournesol ascendant Milou) est un professionnel d'expérience. Il joue bien son rôle et est très apprécié de tous ses collègues et clients. Son gestionnaire (Dupondt ascendant Tintin) trouve cependant qu'il socialise peu avec les membres de son équipe. Cette situation ne semble pas avoir d'impact sur le climat d'équipe mais cela l'agace de plus en plus.

Lors de sa rencontre d'évaluation, le gestionnaire fait la remarque suivante : « Yves, j'apprécierais que tu socialises davantage avec tes collègues sur les heures de pause ».

Comme cette demande est justifiée davantage par un besoin personnel du gestionnaire (croyances de sa partie Dupondt) que par un besoin réel d'équipe ou d'opération, il est fort à parier qu'Yves ignorera cette demande qu'il trouve intrusive et sans fondement.

Étude de cas : Gaétane et Éric

Profil de Gaétane : Milou ascendant Tintin
Profil d'Éric : Haddock ascendant Tintin

Gaétane est chargée de projet. Depuis maintenant trois mois, elle travaille en collaboration avec Éric sur un projet informatique d'envergure. Éric, pour sa part, a été dégagé à mi-temps spécialement pour ce projet, car il avait besoin de nouveaux défis. Tous deux ont à travailler avec d'autres intervenants de plusieurs secteurs de leur organisation.

Gaétane trouve qu'Éric est très efficace. Il est organisé et très enthousiaste à la tâche. Malgré toute la bonne volonté dont il fait preuve, Gaétane a observé qu'Éric a un style plutôt expéditif et bousculant. Certains membres de l'équipe ont d'ailleurs commencé à s'en plaindre. Gaétane doit lui en parler.

D'après vous, quelles stratégies Gaétane devrait-elle utiliser?

Réponse : page suivante

> **Quels atouts personnels a-t-elle en mains? Quel(s) personnage(s) peuvent la soutenir dans sa démarche?**

Réponse : son côté Milou pour prendre du recul et rester sur les faits, son côté Tintin pour maintenir l'entretien sur un axe commun et sur la recherche de solutions constructives.

> **Quel(s) personnage(s) autres que ses personnages dominant et ascendant peuvent l'aider à optimiser ses chances de succès avec Éric?**

Réponse : son côté Haddock pour sa franchise, son enthousiasme et son humour.

Stratégies utilisées par Gaétane

Gaétane a tout d'abord pris le temps de valider ses perceptions et de mesurer l'impact réel du comportement d'Éric sur le succès du projet. Elle préfère attendre à la prochaine rencontre d'équipe pour lui donner du feed-back.

Gaétane invite Éric à passer dans son bureau immédiatement après la rencontre. Elle va droit au but en signifiant à Éric combien elle apprécie son efficacité et son engagement dans le projet (reconnaissant ainsi l'intention positive de ses côtés Haddock et Tintin), mais qu'elle est préoccupée par la façon dont se déroulent les échanges au sein du comité. Bien que surpris par ce commentaire, Éric se montre très intéressé d'en savoir plus.

Gaétane lui rappelle le rôle qu'elle et lui ont à jouer au sein de ce comité et de l'importance de leurs interventions sur le succès du projet (elle vient consolider le côté Tintin présent en chacun d'eux). Éric est d'accord avec elle, mais il fait difficilement le lien avec la façon dont se déroulent les échanges au sein du comité.

Gaétane lui exprime franchement ses observations. Tout au long de l'échange, elle prend un ton ferme mais amical, ce qui permet à Éric de très bien recevoir son commentaire. Ils définissent ensemble des comportements très précis à conserver lors des réunions tels que respecter le droit de parole de chaque personne, consulter tous les membres de l'équipe avant de prendre une décision, etc. Ils décident également de prendre du temps après chaque réunion pour faire le point. La rencontre prend fin sur une note d'humour, chacun d'eux étant satisfait de leur échange.

Le changement

Besoins et questionnements en période de changement

Les périodes de changement dans une vie professionnelle sont inévitables et créent souvent des zones d'incertitude plus ou moins importantes durant lesquelles plusieurs questions nous viennent à l'esprit. Ces questionnements sont influencés par la nature même du changement, par notre façon de nous y adapter et par le contexte dans lequel s'effectue ledit changement.

Un temps d'arrêt vous est proposé pour observer quelles sont vos principales préoccupations lorsque vous vivez un changement, quelles sont les questions qui vous trottent dans la tête… Cet exercice vous permettra de mieux vous préparer aux prochains changements dans votre vie professionnelle.

Quelle attitude adoptez-vous par rapport au changement?

Prenez le temps de lire les énoncés du tableau ci-dessous. Encerclez les lettres correspondant aux **deux** énoncés qui décrivent le mieux votre façon de vivre une période de changement d'emploi.

	Lorsque je vis une période de changement d'emploi, j'espère...
A	occuper un emploi qui m'intéresse dans lequel je puisse continuer à apprendre et à utiliser mes connaissances.
B	que les règles de fonctionnement soient clairement établies, les rôles bien définis et que le tout se fasse de façon logique, structurée et équitable.
C	que les décisions soient cohérentes, aussi bien avec le discours de l'organisation qu'avec mes valeurs personnelles.
D	que mon supérieur sache où il va, qu'on me donne les moyens d'agir et que je sois interpellé dans l'action (qu'on me fasse confiance).
E	bien m'entendre avec mon supérieur immédiat ainsi qu'avec mes nouveaux collègues et que le changement se vive dans l'harmonie.

Indiquez par le chiffre 1 votre première préférence dans les choix que vous avez faits et par le chiffre 2 votre deuxième. Reportez vos choix de réponses à la page 184.

Lisez les énoncés du tableau ci-dessous. Encerclez les lettres correspondant aux **deux** énoncés qui décrivent le mieux ce qui vous stresse en période de changement.

	En période de changement d'emploi ou de structure au sein de mon entreprise, ce qui me stresse le plus, c'est...
A	– d'avoir à recommencer certaines tâches (tourner en rond). – de ne pas savoir ce que j'ai à faire à court terme, dans l'immédiat.
B	– ne pas pouvoir réutiliser mon expertise. – de ne plus avoir mes outils de travail habituels. – de faire un travail qui m'intéresse moins.
C	– de changer d'équipe, de supérieur ou encore de milieu social. – de prendre le temps de refaire un tissu social qui me satisfasse.
D	– de ne pas connaître la contribution que je vais pouvoir apporter à mon organisation. – que mon supérieur ou mes collègues ne partagent pas les mêmes valeurs que moi.
E	– de perdre mes repères au niveau des règles de fonctionnement. – de ne pas connaître les objectifs et les attentes de l'organisation par rapport au rôle que j'ai à jouer.

Indiquez par le chiffre 1 votre première préférence dans les choix que vous avez faits et par le chiffre 2 votre deuxième. Reportez vos choix de réponses à la page 184.

Compilation

Reportez les résultats obtenus dans le tableau qui suit.

Énoncés	Tintin	Milou	Haddock	Dupondt	Tournesol
En période de changement, j'espère que...	C ❶ ❷	B ❶ ❷	D ❶ ❷	E ❶ ❷	A ❶ ❷
En période de changement, ce qui me stresse le plus, c'est...	D ❶ ❷	E ❶ ❷	A ❶ ❷	C ❶ ❷	B ❶ ❷

Synthèse

Inscrivez ci-dessous vos personnages dominant et ascendant selon les résultats obtenus.

Énoncés	Personnage dominant ❶	Personnage ascendant ❷
En période de changement, j'espère que... (mes besoins)		
En période de changement, ce qui me préoccupe le plus, c'est... (mes grands questionnements)		

Vous trouverez, ci-contre, des pistes de réflexion pouvant vous aider à vivre plus sereinement les périodes de changement.

> Quelles sont les préoccupations qui vous habitent lorsque vous vivez des périodes de changement?

> Quelles sont les conditions dont vous avez besoin pour vivre un changement de façon harmonieuse? Afin de vous aider à répondre à cette question, imaginez que vous discutiez avec votre supérieur immédiat et/ou avec les membres de votre équipe. Que leur diriez-vous?

N'oubliez jamais que même si certains changements vous semblent difficiles à vivre, vous avez beaucoup plus de pouvoir et de ressources intérieures que vous ne le pensez. Le choix de votre attitude par rapport au changement vécu peut faire une grande différence!

Étude de cas : Monique

Profil de Monique : Tintin ascendant Dupondt et Tournesol

Monique est travailleuse sociale dans un centre de santé régional. Elle intervient depuis plus de dix ans auprès d'une clientèle familiale aux prises avec des problèmes de violence. Son gestionnaire lui apprend qu'en raison d'une réorganisation, elle interviendra dorénavant dans un nouveau programme destiné aux adolescents. Il l'informe que son changement de poste se fera d'ici à trois mois et qu'elle intégrera une équipe multidisciplinaire composée de six personnes, dont trois sont d'anciens collègues de travail.

> **Quelles seraient, selon vous, les plus grandes préoccupations de Monique et comment devrait-elle se préparer pour bien vivre ce changement?**

Les grands questionnements de Monique

Préoccupations reliées à son côté Tintin (dominant)

Pourquoi cette restructuration? Qu'adviendra-t-il des familles que j'accompagnais? Est-ce que mes valeurs vont être respectées et mises à contribution dans ce nouveau travail?

Préoccupations reliées à son côté Dupondt (ascendant)

Est-ce que j'aurai le temps de revoir les familles avec lesquelles je travaillais? Est-ce que je pourrai les rassurer et leur dire aurevoir? Quelle sera ma qualité relationnelle avec mon nouveau supérieur ainsi qu'avec les membres de mon équipe? Est-ce que je saurai établir de bonnes relations avec les adolescents que j'accompagnerai?

Préoccupations reliées à son côté Tournesol (ascendant)

Est-ce que je suis intéressée par cette nouvelle clientèle? Est-ce que je possède les compétences nécessaires pour l'accompagner adéquatement? Sinon, quelles compétences dois-je acquérir? Sur qui et sur quoi (documentation, formation, etc.) est-ce que je peux compter pour faciliter mon apprentissage?

Ce que Monique a fait pour respecter ses besoins

Monique a tout d'abord demandé le pourquoi de ce changement. Elle a insisté pour annoncer elle-même son transfert aux familles qu'elle accompagnait et leur présenter sa remplaçante. En raison de la complexité du dossier et de la qualité du lien de confiance qui s'est établi entre elle et deux de ces familles, elle a demandé de continuer à les accompagner. Il ne faudrait surtout pas mettre en péril tout le travail accompli à ce jour à cause d'un changement d'intervenant. Pour elle, c'est une question de valeurs et d'engagement.

Son côté Dupondt fait en sorte qu'elle est rassurée de savoir qu'elle connaît déjà trois personnes dans sa nouvelle équipe de travail, et qui plus est, des personnes avec qui elle a déjà entretenu d'excellentes relations. Elle espère que la qualité relationnelle des liens qu'elle établira avec les autres membres de l'équipe sera tout aussi satisfaisante. Ce sera très important pour elle de sentir le soutien et l'accueil de ses pairs. Afin de briser la glace, elle demanda à sa future gestionnaire de rencontrer tous ces futurs collègues avant sa rentrée au poste. Cette dernière fut ravie de cette initiative, ce qui rassura énormément Monique. Elle sent que le contact sera bon avec sa supérieure immédiate.

Son côté Tournesol la rend enthousiaste à l'idée de changer de clientèle car elle aime la nouveauté, mais ce changement la rend aussi anxieuse à cause de son manque d'expertise auprès de cette nouvelle clientèle. Elle sait pertinemment que ses connaissances ne sont pas à jour, et cette situation la dérange beaucoup. Elle a exploré la possibilité d'assister le plus rapidement possible à des stages supervisés par un intervenant d'expérience et de recevoir une formation universitaire axée sur la problématique des adolescents.

Le tableau de ci-dessous contient de l'information complémentaire sur les questionnements que soulèvent habituellement le changement chez chacun des personnages.

Personnage	Questionnements
TINTIN	– Le travail que j'ai à faire correspond-il à mon idéal?, à mes valeurs? – Quels sont les aspects avec lesquels je suis à l'aise, ceux auxquels je crois? – Quels sont les aspects avec lesquels je suis moins à l'aise, ceux auxquels je crois moins? – Est-ce que j'ai le sentiment de contribuer à faire évoluer quelque chose? – Quelle contribution est-ce que je souhaite apporter en tant que personne? – Est-ce que j'ai des alliés qui me soutiennent? – Y a-t-il des personnes qui, dans mon entourage, cherchent à saboter le projet?
MILOU	– Quel est mon rôle? – Quelles sont les ressources mises à ma disposition? – Quelle est l'information dont j'ai besoin pour bien jouer mon rôle? – Quelles sont les priorités de l'organisation? – Me donne-t-on suffisamment de temps pour réfléchir lorsque j'ai à prendre des décisions? – Est-ce qu'on me consulte lors des changements, surtout si ces changements ont un impact sur mon travail? – Prend-on le temps d'évaluer les impacts des différentes décisions qui sont prises? D'explorer différents scénarios?
HADDOCK	– Qu'est-ce que j'ai à réaliser à court terme (attentes claires et précises)? – Est-ce qu'on m'implique et/ou me réclame dans l'action comme je le souhaite? – Est-ce que j'ai accès à tout ce dont j'ai besoin pour passer à l'action? – Est-ce que j'ai un pouvoir de décision sur mes actions? – Est-ce que j'ai quotidiennement des défis qui m'invitent à me dépasser? – Est-ce que je suis entouré de personnes qui sont volontaires dans l'action et qui cherchent également à fournir les efforts nécessaires à la réalisation de ce qu'il y a à faire? – Est-ce que j'estime les personnes qui m'entourent?
DUPONDT	– Quelle est ma perception de la qualité relationnelle avec les personnes qui m'entourent? – Quelle est ma perception de la qualité relationnelle avec mon patron? – Est-ce que je peux exprimer mes besoins et mes attentes ouvertement? – Le climat d'échange est-il harmonieux, ou du moins respectueux? – Est-ce que mes collègues me soutiennent (collaboration, écoute, etc.)?
TOURNESOL	– Quels sont mes intérêts? – Qu'est-ce qui « m'allume » le plus dans ce travail ou cette tâche? – Puis-je mettre mon savoir et mon expertise à contribution? – Mon expertise est-elle suffisante pour me permettre de réaliser ce travail et d'en être satisfait? – Y a-t-il de la place pour expérimenter de nouvelles choses? – Est-ce que j'ai un espace de travail bien à moi (lieu, outils de travail, etc.)? – Est-ce que j'ai de la latitude? Puis-je faire les choses à **ma** façon?

Habiletés de gestion

Les prochaines pages présentent des exercices qui touchent cinq grandes habiletés de gestion, soit le sens de la planification, de l'organisation, de la prise de décision, du contrôle et de la délégation. Amusez-vous à y répondre. Peut-être découvriez-vous que votre façon de planifier est davantage dans un mode Tintin/Milou ou que votre façon de déléguer est plus en mode Dupondt/Haddock. Une fois de plus, le but premier de ces exercices est de mieux vous connaître et d'échanger avec les personnes qui vous entourent.

Planification

Prenez le temps de lire chacune des descriptions suivantes et encerclez les **deux** lettres correspondant aux énoncés qui décrivent le mieux votre façon de **planifier**.

A	J'ai une pensée logique et stratégique. Je planifie des projets qui s'intègrent facilement à l'organisation. Ma planification est réaliste et elle tient compte des variables de l'environnement. Je sais déterminer les priorités en fonction de celles de mon organisation et je suis rarement pris au dépourvu, car je prévois toujours un plan B, au cas où…
B	J'ai une vision claire du projet et de l'objectif à atteindre. Cependant, je ne vois pas toujours clairement les étapes à franchir pour les réaliser. C'est pourquoi je m'entoure d'alliés pour m'aider à faire évoluer le projet dans la bonne direction. Ma planification est basée sur une vision plutôt que sur un plan stratégique.
C	J'ai une représentation claire de ce que j'ai envie de réaliser et j'apprécie réfléchir à ma planification en étant seul. J'apprécie ne pas avoir de contraintes budgétaires ou encore de contraintes dans le temps. Dans ma planification, il m'arrive bien malgré moi d'oublier certains aspects ou variables de l'environnement.
D	J'excelle dans la planification à court terme. J'élabore sommairement les étapes de réalisation d'un projet, car je suis surtout préoccupé par l'aspect concret des choses. Ma pensée est rapide et j'improvise souvent selon la situation. Ma capacité d'anticipation à moyen et long terme n'est pas très forte. C'est dans l'action que mon sens de la planification se met en œuvre.
E	Dans mon processus de planification, je mets surtout l'accent sur les aspirations et les besoins des membres de l'équipe. Bien que je sois conscient que les résultats soient importants, le bien-être des personnes qui m'entourent passe avant tout. Je recherche l'approbation et le soutien de mon supérieur.

Indiquez par le chiffre 1 votre première préférence dans les choix que vous avez faits et par le chiffre 2 votre deuxième. Reportez vos choix de réponses à la page 195.

Organisation

Prenez le temps de lire chacune des descriptions suivantes. Encerclez les **deux** lettres correspondant aux énoncés qui décrivent le mieux votre **sens de l'organisation**.

A	Les détails du quotidien m'importent peu. Je préfère organiser les grandes phases d'un projet en m'associant avec des personnes qui, elles, savent voir aux tâches journalières. Je cherche à optimiser le potentiel en place, aussi bien sur le plan humain que sur celui des tâches à accomplir.
B	L'organisation, c'est ma force. J'excelle dans cette compétence. Je préfère ce qui est ordonné et structuré. Je développe des processus de travail, j'élabore des normes et des politiques, je crée des outils pour organiser l'action, tant pour moi que pour l'organisation elle-même.
C	J'organise les choses conformément aux attentes de mon organisation et de mon supérieur immédiat. Je déteste gérer les zones grises, c'est-à-dire là où il y a des risques de tension et de déception de part et d'autre. Je suis attentif aux besoins de tous dans la coordination et l'organisation des différentes activités.
D	J'ai ma propre méthode d'organisation et je m'y retrouve très bien. Je n'aime pas avoir à composer avec les contraintes ou les demandes extérieures. J'aime mieux faire les choses à mon rythme et à ma façon. Si jamais il m'arrive d'oublier certains détails, j'accepte facilement qu'on me les rappelle.
E	Je suis très efficace. Je ne me pose pas 100 questions avant de passer à l'action, j'aime que les choses bougent rapidement. Je peux parfois être directif. J'apprécie les personnes qui travaillent au même rythme que moi. J'ai besoin que l'on me donne tous les moyens d'agir et que j'aie toute la latitude nécessaire.

Indiquez par le chiffre 1 votre première préférence dans les choix que vous avez faits et par le chiffre 2 votre deuxième. Reportez vos choix de réponses à la page 195.

Décision

Lisez chacune des descriptions suivantes. Encerclez les **deux** lettres correspondant aux énoncés qui décrivent le mieux votre façon de **prendre des décisions.**

A	Je prends le temps de réfléchir avant d'agir. J'amasse des données d'information que je juge pertinentes et je prends le temps de les analyser. Ensuite, je me positionne en fonction des priorités associées à mon rôle et à celles de l'organisation.
B	J'ai un style plutôt directif. Je sais habituellement ce que je veux et je passe rapidement à l'action une fois mon idée arrêtée. Pour moi, décider est synonyme d'agir.
C	J'aime décider par *consensus*. J'augmente ainsi, selon moi, nos chances de succès. Je suis à l'aise lorsqu'une décision reçoit l'approbation de tous. À la limite, l'accord d'une forte majorité (75 % et plus) peut me suffire. J'impose rarement une décision à moins d'avoir reçu une directive claire d'une personne en autorité.
D	Je prends facilement des décisions lorsque la situation me concerne. Les critères sur lesquels je me base correspondent souvent à mes propres centres d'intérêt. Je pense souvent que mes décisions vont de soi, je ne ressens donc pas toujours le besoin d'expliquer ce qui les motive. Je ne consulte que les collègues que je juge crédibles à mes yeux. Je me fais habituellement une opinion par moi-même.
E	Je vais à l'essentiel. Je prends des décisions assez facilement lorsque je crois au projet, ou encore à ce que j'ai à faire. Si quelqu'un s'oppose à mes décisions, je vais l'écouter et le questionner afin de trouver une solution qui rallie le groupe, sans toutefois aller à l'encontre de mes valeurs.

Indiquez par le chiffre 1 votre première préférence dans les choix que vous avez faits et par le chiffre 2 votre deuxième. Reportez vos choix de réponses à la page 195.

Contrôle

Faites la lecture de chacune des descriptions suivantes. Encerclez les **deux** lettres correspondant aux énoncés qui décrivent le mieux votre façon d'exercer un **contrôle** sur un projet.

A	J'excelle dans ce domaine. Je prends soin de créer des indicateurs de performance ou des mesures afin d'identifier rapidement les écarts possibles par rapport aux objectifs fixés. J'adore faire des pronostics et suis encore plus heureux lorsqu'ils se réalisent. J'informe qui de droit dès que des anomalies se présentent. Je n'impose pas mes idées, mais j'aime bien qu'on se réfère à moi pour régler les problèmes (approche conseil).
B	Je supervise mes dossiers à distance. J'interviens si les actions ou les comportements viennent à l'encontre du projet d'équipe, de mon idéal ou de mes valeurs. Je suis peu préoccupé par les moyens utilisés, en autant qu'ils respectent mes valeurs de base. Le sens de l'action est plus significatif pour moi que l'action elle-même. Je garde le cap sur l'objectif.
C	Je m'assure du bon fonctionnement des projets qui m'intéressent. Mon côté perfectionniste me rend parfois exigeant et pointilleux sur la qualité du travail à accomplir. On ne me passe pas n'importe quoi! J'ai l'œil ouvert sur les projets qui m'intéressent.
D	Pour moi, le suivi de l'aspect humain se fait tout naturellement et généralement de façon continue. S'il y avait des écarts de résultats ou de conduite, je cherche la façon de le dire ou le moment approprié pour éviter les sources de conflits et surtout ne pas blesser l'autre personne. De plus, je suis à l'aise de rendre des comptes à mon supérieur à sa demande.
E	Je sais ce que je veux et je n'apprécie ni les écarts de conduite, ni les écarts du côté des résultats escomptés. Toute déviation est corrigée sur-le-champ. Je donne mes *feed-back* de façon continue et dans l'action. Je fais les choses comme je les sens.

Indiquez par le chiffre 1 votre première préférence dans les choix que vous avez faits et par le chiffre 2 votre deuxième. Reportez vos choix de réponses à la page 195.

Délégation

Prenez le temps de lire chacune des descriptions suivantes. Encerclez les **deux** lettres correspondant aux énoncés qui décrivent le mieux votre façon de **déléguer** des tâches.

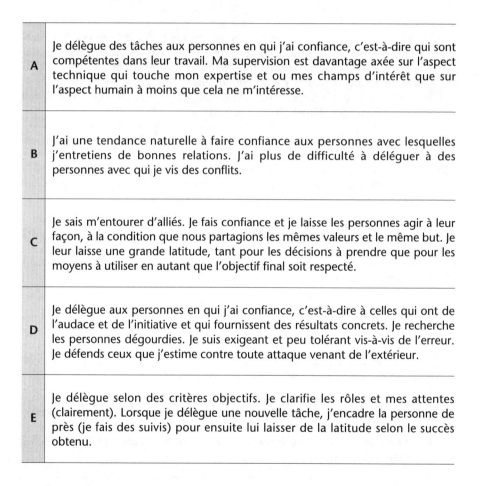

A	Je délègue des tâches aux personnes en qui j'ai confiance, c'est-à-dire qui sont compétentes dans leur travail. Ma supervision est davantage axée sur l'aspect technique qui touche mon expertise et ou mes champs d'intérêt que sur l'aspect humain à moins que cela ne m'intéresse.
B	J'ai une tendance naturelle à faire confiance aux personnes avec lesquelles j'entretiens de bonnes relations. J'ai plus de difficulté à déléguer à des personnes avec qui je vis des conflits.
C	Je sais m'entourer d'alliés. Je fais confiance et je laisse les personnes agir à leur façon, à la condition que nous partagions les mêmes valeurs et le même but. Je leur laisse une grande latitude, tant pour les décisions à prendre que pour les moyens à utiliser en autant que l'objectif final soit respecté.
D	Je délègue aux personnes en qui j'ai confiance, c'est-à-dire à celles qui ont de l'audace et de l'initiative et qui fournissent des résultats concrets. Je recherche les personnes dégourdies. Je suis exigeant et peu tolérant vis-à-vis de l'erreur. Je défends ceux que j'estime contre toute attaque venant de l'extérieur.
E	Je délègue selon des critères objectifs. Je clarifie les rôles et mes attentes (clairement). Lorsque je délègue une nouvelle tâche, j'encadre la personne de près (je fais des suivis) pour ensuite lui laisser de la latitude selon le succès obtenu.

Indiquez par le chiffre 1 votre première préférence dans les choix que vous avez faits et par le chiffre 2 votre deuxième. Reportez pas vos choix de réponses à la page 195.

Compilation

Reportez les résultats obtenus dans le tableau ci-dessous.

Habiletés de gestion	Tintin	Milou	Haddock	Dupondt	Tournesol
Planification	B ❶ ❷	A ❶ ❷	D ❶ ❷	E ❶ ❷	C ❶ ❷
Organisation	A ❶ ❷	B ❶ ❷	E ❶ ❷	C ❶ ❷	D ❶ ❷
Décision	E ❶ ❷	A ❶ ❷	B ❶ ❷	C ❶ ❷	D ❶ ❷
Contrôle	B ❶ ❷	A ❶ ❷	E ❶ ❷	D ❶ ❷	C ❶ ❷
Délégation	C ❶ ❷	E ❶ ❷	D ❶ ❷	B ❶ ❷	A ❶ ❷

Synthèse

Indiquez à quel personnage correspondent les résultats obtenus.

Habiletés de gestion	Personnage principal ❶	Personnage secondaire ❷
Planification		
Organisation		
Décision		
Contrôle		
Délégation		

> **Quel est le personnage qui revient le plus souvent et ceux qui sont présents plus d'une fois?**

HABILETÉS DE GESTION

Personnage	Planification	Organisation
TINTIN	Il possède une vision claire de ce qu'il souhaite et il cherche surtout à définir l'idéal qu'il veut atteindre. Sa vision s'établit en fonction du long terme. Il préfère planifier les grandes étapes d'un projet.	Peu axé sur les préoccupations quotidiennes, il préfère organiser les grandes étapes d'un projet et s'associer à des personnes qui vont prendre en charge les aspects plus opérationnels. Il cherche à optimiser le potentiel en place, tant du côté humain que du côté des tâches à accomplir.
MILOU	Comme ce n'est pas un rêveur, sa pensée est logique et rationnelle. Sa planification est réaliste et intégrée aux préoccupations dictées par son rôle et celles de l'organisation. Il tient compte de plusieurs variables de l'environnement et prévoit plus d'un scénario à la fois.	Il excelle dans cette tâche. Il préfère ce qui est ordonné et structuré. Il développe des processus de travail, élabore des normes et des politiques. Il crée et propose des outils de travail pour organiser l'action aussi bien pour lui (pour bien jouer son rôle) que pour l'organisation.
HADDOCK	Il est davantage à l'aise dans la planification à court terme. Il n'élabore que très sommairement les étapes de réalisation d'un projet. Son plan se fait presque instantanément dans sa tête. Il improvise souvent. Ce n'est pas facile pour lui de prendre le temps de le communiquer. Comme sa pensée est rapide et qu'il déteste répéter les choses, son entourage a avantage à apprendre à lire entre les lignes.	Il est très efficace. « Qui l'estime le suive. » Il désire que les choses bougent rapidement. Il peut parfois, sans le vouloir, bousculer son entourage pour atteindre les résultats attendus. C'est un travailleur acharné qui aime bien diriger les opérations. Il souhaite qu'on lui donne les moyens d'agir et qu'on lui laisse une bonne marge de manœuvre.

Décision	Contrôle (suivi)	Délégation
Il va à l'essentiel. Lorsque le projet est clair dans sa finalité et qu'il croit à ce qu'il fait, il prend assez facilement ses décisions. S'il rencontre de l'opposition à ses décisions, il écoute et questionne les personnes concernées afin de trouver une solution qui rallie tous les membres de son équipe vers le but commun à atteindre.	Il suit ses projets à distance et n'intervient que si les actions ou les comportements des personnes viennent à l'encontre du projet dans lequel il s'est engagé ou de ses valeurs. Il est peu préoccupé par les moyens qui sont utilisés pourvu qu'ils respectent ses valeurs. Pour lui, le sens de l'action est plus significatif que l'action elle-même.	Il sait s'entourer d'alliés en qui il a confiance. Il souhaite que ses collègues et lui partagent les mêmes valeurs. Dès qu'il sent cette communauté de valeurs, il délègue facilement. Il laisse une grande latitude aux autres tant du côté des décisions à prendre que des moyens à utiliser. Il reste aligné sur les grands objectifs à atteindre. Il intervient lorsqu'il sent le projet en péril ou qu'il vient à l'encontre de ses valeurs fondamentales.
Il prend le temps de réfléchir avant d'agir. Il amasse de l'information qu'il juge pertinente et il l'analyse pour ensuite prendre position.	Il excelle également dans ce domaine. Il prend le temps d'établir des indicateurs de performance ou des mesures afin de dégager rapidement les possibilités d'écarts. Il éprouve une grande satisfaction lorsqu'il réussit à « flairer » les embûches avant qu'elles ne se présentent. Il avise qui de droit dès que des anomalies se pointent. Il n'impose pas ses idées, mais aime bien qu'on le consulte pour régler les difficultés vécues.	Il structure ce qu'il délègue. Lorsqu'il confie une nouvelle tâche à quelqu'un, il supervise (encadre) tout d'abord la personne en lui donnant des consignes claires pour ensuite lui laisser de la latitude selon le succès obtenu. Lorsque surviennent des divergences dans la répartition des responsabilités, il utilise ses talents de médiateur et de négociateur pour soutenir son argumentation.
Il sait habituellement ce qu'il veut et, une fois que son idée est arrêtée, il passe rapidement à l'action. Pour lui, décider c'est passer aux actes. Lorsque vient le temps de prendre des décisions, il se positionne et génère l'action. Dans les situations plus difficiles, il préfère l'audace à la prudence.	Il sait ce qu'il veut et il n'apprécie pas les écarts de conduite ou de résultats. Il corrige rapidement toute déviation. Il donne ses *feedback* de façon continue et dans l'action. Il dit les choses comme il les sent avec authenticité.	Il fait confiance et encourage l'audace et l'initiative à condition d'obtenir des résultats concrets. Il recherche les personnes dégourdies. Il est exigeant et peu tolérant vis-à-vis de l'erreur. Malgré cette susceptibilité, il défend les membres de son équipe et les collègues qu'il estime contre toute attaque provenant de l'extérieur. Il règle ensuite les choses en équipe ou « face à face » selon le cas.

HABILETÉS DE GESTION

Personnage	Planification	Organisation
DUPONDT	Il est influencé par l'atmosphère qui règne lors de l'activité de planification et met surtout l'accent sur les aspirations et les besoins des individus. Il est également à l'écoute de la réaction (enthousiasme, déception, surprise, contestation) de son entourage lorsqu'il présente son plan, et s'ajustera au besoin. Il s'assure l'approbation de ses supérieurs avant d'aller trop loin dans sa planification.	Il se sentira à l'aise d'organiser des activités à la condition que ce qui est à organiser soit clair. Il déteste gérer les zones grises car il sait très bien que ce sont des sources potentielles de tensions et de déceptions pour toutes les personnes impliquées. Il sait faire respecter une directive s'il se sent appuyé par l'autorité ou par ses pairs. Il est attentif aux besoins de tous dans la coordination et l'organisation des différentes activités.
TOURNESOL	Il sait clairement ce qu'il a « envie » de réaliser. Il planifie les étapes à franchir à l'aide de sa capacité de conceptualisation. Tout se passe d'abord dans sa tête. Il peut faire preuve de perfectionnisme concernant les étapes qui favorisent ses intérêts. Il arrive parfois qu'il oublie de prévoir certains aspects ou variables de l'environnement qu'il juge moins intéressants.	Il a sa propre méthode d'organisation et il s'y retrouve bien. Il apprécie faire les choses à sa façon et à son rythme. S'il doit travailler avec d'autres, il apprécie que ces derniers respectent sa façon de faire.

Décision	Contrôle (suivi)	Délégation
Son mode décisionnel privilégié est le mode consensuel. Pour lui, c'est une excellente occasion de partage où il peut prendre le pouls de ses collègues, augmentant ainsi ses chances de succès. Il est à l'aise lorsqu'une décision reçoit l'approbation de tous. À la limite, l'accord d'une forte majorité (75 % et plus) peut lui suffire. Il impose rarement une décision, à moins qu'il n'ait reçu une directive claire d'une personne en autorité.	Il est très à l'aise de rendre des comptes à son supérieur en lui transmettant les renseignements qu'il a demandés. Cependant, il trouve exigeant de signaler les écarts de conduite directement à la personne concernée. Il prendra grand soin de se préparer avant la rencontre afin de ne pas heurter l'autre. Pour lui, le suivi de l'aspect humain se fait tout naturellement et de façon continue.	Il a une tendance naturelle à faire confiance, surtout aux personnes avec lesquelles il entretient de bonnes relations. Il a plus de difficulté à confier des responsabilités à des personnes avec lesquelles il vit des conflits ou des différends.
Il prend facilement des décisions lorsque la situation le concerne. Les critères sur lesquels il se base correspondent souvent à ses propres centres d'intérêt. Il croit souvent que ses décisions vont de soi. C'est pourquoi il ne ressent pas toujours le besoin d'expliquer ses motivations. Par contre, si on lui demande, il peut être est très généreux dans ses explications. Il est peu consultatif, sauf auprès de collègues qu'il juge crédibles : spécialistes ou personnes possédant des connaissances reconnues. Il peut lui arriver d'imposer ses décisions ou de faire à sa tête.	Il s'assure par lui-même du bon fonctionnement des projets qui l'intéressent. Il déteste avoir des surprises et ne pas être informé des situations qui le préoccupent. Il n'aime pas du tout perdre la face dans son champ d'expertise. Son côté perfectionniste le rend parfois exigeant et pointilleux sur la qualité des objectifs à atteindre. On ne lui passe pas n'importe quoi!	Il délègue aux personnes en qui il a confiance, c'est-à-dire qui sont compétentes dans leur travail. Sa supervision est davantage axée sur l'aspect technique qui touche son expertise et/ou ses champs d'intérêt que sur l'aspect humain (à moins que cela ne l'intéresse).

CONCLUSION

Chaque personnage est unique et porte des talents qui lui sont propres. Jamais Tintin n'aura les talents innés de créativité de Tournesol et jamais Haddock n'aura la sensibilité relationnelle des Dupondt. Ensemble ils peuvent s'inspirer les uns des autres, s'accompagner, collaborer, se soutenir et s'enrichir **mutuellement**. À l'instar de cette image, vous êtes **unique**, personne ne pourra jamais vraiment penser ou réagir comme vous le faites. Vous pouvez, vous aussi, devenir une source d'inspiration pour les personnes que vous côtoyez. À leur tour, elles peuvent vous inspirer par leurs différences.

Lorsque tu te concentres sur ce qui est bien chez les gens, tu leur permets de l'atteindre.
Sanaya Roman

J'espère que le contenu du présent ouvrage vous aidera à construire des relations avec vos collègues, vos employés, vos partenaires et vos patrons empreintes de respect et de complicité. Rien n'est jamais acquis dans le monde relationnel. Il y a tant de facteurs qui influencent nos humeurs, nos états d'être qu'il est judicieux de rester à l'écoute de ce qui se passe au moment d'une rencontre (position « Hergé personnel ») et cela afin de garder un contact authentique avec soi et avec les autres. Je crois qu'il s'agit là d'une des clés qui donnent accès au bien-être humain au travail. Être soi, être reconnu et estimé pour sa « valeur » en tant que personne donne des ailes, motive à donner le meilleur de ce que nous portons à l'intérieur de nous (nos talents) et cela, dans un but commun.

Je n'ai pas pu tout expliquer dans cet ouvrage car son contenu en aurait été trop complexe. La beauté de cette méthode est sa convivialité et j'ai voulu la garder ainsi. Au fil des ans, nous avons pu découvrir diverses facettes et de nombreuses nuances dans son application.

Pour ceux et celles qui désirent aller plus loin, soit individuellement ou en équipe, n'hésitez pas à nous contacter. Mon équipe d'intervention se fera un plaisir de vous accompagner avec doigté et compétence. Rappelez-vous qu'au-delà du côté ludique de la méthode que je vous propose, il existe toute une profondeur qui touche les personnes qui la vivent.

Bien au-delà de découvrir un côté Haddock/Dupondt ou Milou/Tintin chez un collègue ou soi-même, ces codes donnent directement accès aux besoins, aux croyances et, en quelque sorte, à l'aventure intime d'une personne. C'est pourquoi nous traitons avec toute l'attention voulue ces hommes et ces femmes qui acceptent de s'ouvrir un peu plus à eux-mêmes et à leurs collègues en prenant grand soin de préparer toute intervention afin de créer les conditions propices aux échanges et à l'évolution de tous et toutes.

Vous trouverez la liste des formations que nous offrons sur notre site Internet (www.groupe-regain.com).

J'espère que les outils et les moyens présentés dans cet ouvrage vous seront utiles.

J'ai déjà hâte de revivre cette aventure de l'écriture pour aller encore plus loin dans des sphères plus personnelles (couple, famille, adolescence, amitiés, etc.).

Renée Rivest

Je m'épanouis sans cesse grâce à mes lectures et à mes expériences passées. Et si je devais mourir demain, je terminerais le livre commencé paisiblement, j'ouvrirais une bonne bouteille de bourgogne. (Hergé)
L'Univers d'Hergé – exposition, Fondation Hergé, 1987, p. 33.

BIBLIOGRAPHIE

OUVRAGES EN MANAGEMENT

ANDERSON dr., Clifford. *Le chemin de la maturité*, Le jour Éditeur, 1996.

ANDRÉ, Christophe et François LELORD. *La force des émotions*, Paris, Éditions Odile Jacob, mars 2001.

BELLAVANCE, Éric. *La peur, l'éthique de la décision tragique*, Montréal, MNH, 2000.

BENOÎT, Jacques. *Graine d'éthique*, Paris, Presses de la Renaissance, 2000.

BOURQUE, Jacques et al. *L'âme de l'organisation*, Éditions Québec Amérique, Montréal, 1999.

CHABOT, David. *Plaisir et conscience*, Montréal, Les Éditions Québecor, 2001.

CHIASSON, Marc. *Superviser dans le feu de l'action*, Montréal, Collection entreprendre, 2001.

COVEY, Stephen R. *Les sept habitudes de ceux qui réalisent tout ce qu'ils entreprennent*, Paris, Éditions First, 1996.

COVEY, Stephen R. *L'étoffe des leaders*. New York, First Business, 1996.

D'ANSEMBOURG, Thomas. *Cessez d'être gentil soyez vrai!*, Les Éditions de l'Homme, 2001.

DRUCKER, Peter. *Avenir du management selon Drucker*, Paris, Village Mondial, 1999.

FABRE, Michel. *Être authentique, donner du sens, le nouvel élan du management*, Paris, Les Presses du Management, 1998.

GILLIGAN, Stephen. *Le courage d'aimer*, Bruxelles, SATAS-Collection Le Germe, 1997.

GLASS, Lillian. *Ces gens qui nous empoisonnent l'existence*, Les Éditions de l'Homme, 1996.

HIRIGOYEN, Marie-France. *Le harcèlement moral dans la vie professionnelle*, Paris, Éditions La découverte et Syros, 2001.

LABELLE, Ghislaine. *Une équipe du tonnerre*, Les Éditions transcontinental inc., 2001

LAPRÉ, Raymond. *La psychagogie des valeurs*, Montréal, Les Éditions logiques, 2001.

LENHARDT, Vincent. *Les responsables porteurs de sens*, Paris, INSEP Éditions, 1992.

LUNDIN C. Stepen et al. *Fish! : comment d'épanouis au travail et y prendre goût*, Éditions Michel Lafond, 2001.

MALAREWICZ, Jacques-Antoine. *Systémique et entreprise*, Paris, Éditions Village Mondial, 2000.

MCCALL, Morgan. *High Flyers : Developing the Next Generation of Leaders*, Boston, Harvard Business School Press, 1998.

PAUCHANT, Thierry et al. *La quête du sens : Gérer nos organisations pour la santé des personnes, de nos sociétés et de la nature*, Montréal, Québec-Amérique, 1996.

PAUCHANT, Thierry et al. *Pour un management éthique et spirituel*, Montréal, Fides, 2000.

PEACOCK, Fletcher. *Arrosez les fleurs pas les mauvaises herbes*, Les Éditions de L'Homme, 1999.

SALOMÉ, Jacques et Christian POTIÉ. *Oser travailler heureux*, Paris, Albin Michel, 2000.

SÉRIEYX, Hervé. Conférence sur vidéocassette : *Les entreprises au tournant du siècle : inquiétudes, opportunités et nouvelles pratiques*, ministère de l'Industrie et du commerce (www.mic.gouv.qc.ca/formation-entreprise).

SCHOLTES, Peter R. *The Leader's Handbook : Making Things Happen, Getting Things Done*, New York, McGraw-Hill, 1998.

SENGE, Peter M. *La cinquième discipline : l'art et la manière des organisations qui apprennent*, Paris, Éditions First, 1991.

SENGE, Peter M. *La danse du changement : les défis pour soutenir la dynamique des organisations intelligentes*, Paris, Éditions First, 1999.

SÉRIEYX, Hervé. *La Nouvelle Excellence – Réussir dans l'économie nouvelle*, France, Maxima, 2000.

WEICK, Karl E. *Sensemaking in Organizations*, Thousands Oaks, SAGE Publications, 1995.

WEISINGER, Hendrie. *L'art de la critique constructive*. Montréal, Les Éditions Transcontinental, 2000.

OUVRAGES SUR L'ŒUVRE D'HERGÉ

ALGOUD, Albert. *Le Tournesol illustré,* Belgique, Casterman, 1994.

ALGOUD, Albert. *Le Haddock illustré,* Belgique, Casterman, 1991.

ALGOUD, Albert. *Le Dupondt sans peine,* Canal + Editions, Paris, 1997.

DE GRAND RY, Michel, et al. *Hergé et Tintin reporters : du petit journal au journal Tintin,* Bruxelles, Éditions du Lambard, 1986.

FARR, Michael. *TINTIN : Le rêve et la réalité,* Belgique, Éditions Moulinsart, 2001.

PEETERS, Benoît. *Hergé Fils de Tintin,* Paris, Flammarion, collection les grandes biographies, 2002.

PEETERS, Benoît. *Le monde d'Hergé,* Belgique, Casterman, 1990.

PROVENCHER, Serge. *Les mémoires de Nestor,* Montréal, le jour Éditeur, 1991.

L'Univers d'Hergé – exposition, Fondation Hergé, 1987.

SERTILLANGES, Thomas. *La vie quotidienne* à Moulinsart, Hachette livre, 1995.

SOUMOIS, Fréderic. *Dossier Tintin : Sources, Versions, Thèmes, Structures,* Éditions Jacques Antoine, 1987.

T*intin grand voyageur du siècle,* L'album GÉO, Paris, Prisma Presse, 2001.

TISSERON, Serge. *Tintin chez le psychanalyste,* Éditions Aubier Montaigne, 1985.

TISSERON, Serge. *Tintin et le secret d'Hergé,* Éditions Hors collection, 1993.

VALARIÉ, Ariane. *Ma vie de chien,* Éditions Jean-Claude Lattès, 1993.

VANDROMME, Pol. *Le monde de Tintin,* Gallimard, 1959.